汽车车身修复系列课程教材
项目驱动、任务引领型教材

QI CHE BAN JIN JI CHU

（微课版）

汽车钣金基础

（第二版）

组　编　上海景格科技股份有限公司
主　编　吴　岳　姚军强
副主编　危　哲　于　强　孙国华

华东师范大学出版社
·上海·

图书在版编目（CIP）数据

汽车钣金基础 / 吴岳，姚军强主编；上海景格科技股份有限公司组编. —2版. —上海：华东师范大学出版社，2023
 ISBN 978 - 7 - 5760 - 4671 - 7

Ⅰ. ①汽… Ⅱ. ①吴… ②姚… ③上… Ⅲ. ①汽车－钣金工－基本知识 Ⅳ. ①U472.4

中国国家版本馆CIP数据核字（2024）第027400号

汽车钣金基础（第二版）

组　　编	上海景格科技股份有限公司
主　　编	吴岳　姚军强
责任编辑	李琴
责任校对	董亮　时东明
装帧设计	庄玉侠
出版发行	华东师范大学出版社
社　　址	上海市中山北路3663号　邮编200062
网　　址	www.ecnupress.com.cn
电　　话	021 - 60821666　行政传真 021 - 62572105
客服电话	021 - 62865537　门市（邮购）电话 021 - 62869887
地　　址	上海市中山北路3663号华东师范大学校内先锋路口
网　　店	http://hdsdcbs.tmall.com
印刷者	上海昌鑫龙印务有限公司
开　　本	787毫米×1092毫米　1/16
印　　张	12
字　　数	236千字
版　　次	2024年4月第1版
印　　次	2024年4月第1次
书　　号	ISBN 978 - 7 - 5760 - 4671 - 7
定　　价	39.00元
出版人	王焰

（如发现本版图书有印订质量问题，请寄回本社客服中心调换或电话 021-62865537 联系）

序 XU

根据《国家中长期教育改革和发展规划纲要(2010—2020年)》的精神,为进一步推进课程改革和教材建设进程,基于将理实一体化课程改革理念作为课程改革的主导理念,我们以工作任务为课程设置与内容选择的参照点,选择以任务为单位组织内容并以任务活动为主要学习方式的课程模式,编写了车身修复专业系列课程教材。《汽车钣金基础(第二版)》是该系列课程教材的其中一本。

汽车钣金是车身修复专业的核心课程,是直接面对汽车维修企业培养掌握汽车车身修复专业能力,并具有规范的操作技术和良好职业素养的人才的核心课程。其目标是让学生熟悉职业岗位上汽车钣金的工艺流程,掌握车身修复的操作流程及技术要领,为无缝对接工作岗位打下良好基础。

本系列课程教材编写融合了"新知识、新技术、新工艺、新方法"的要求。车身材料的变化引发修复工艺的变化,比如:外板件维修加入快速修复工艺、低碳修复工艺;车身板件更换工艺中加入现代高强度、超高强度钢、镀锌板的焊接工艺等;车身校正技术还有专用模具式车身校正系统、电子测量式车身校正系统、通用模具式车身校正系统、机械测量式车身校正系统等。本书结合现在主流汽车品牌的维修材料和工艺,融入市场上所有的车身测量与校正系统编写,力求适应现代高强度、超高强度车身维修要求。

　　本书强调以实践为主、理论为辅,以培养学生能力为本。为了让学生更好地巩固所学知识,本书在每个学习任务后都附有习题,以帮助学生加深对理论知识的理解;每个学习任务中还设置了实操工作任务书,指导学生从实操过程中学习理论知识和现在行业内的标准工序工艺,无缝对接实际岗位需求。

　　本书编排目标明确、体例新颖、结构合理,符合学生的认知规律和兴趣特点,适合学校精品专业建设发展需求。

杨杰

2024 年 4 月

前言
QIANYAN

党的二十大报告指出要"加快建设制造强国、质量强国、航天强国、交通强国、网络强国、数字中国"。汽车产业是交通强国的重要组成部分,近几年我国汽车销售量不断提升,根据我国汽车保有量的增长数据推算,至2030年前,我国每年新增汽车维修类技能人才需求应在30万人以上。

随着汽车市场的逐步成熟、理性,市场趋于饱和下的市场竞争加剧,汽车产业链的盈利模式逐步向汽车后市场转移。汽车金融、维修保养、汽车拆解再利用等领域利润在整个汽车产业链中的比重越来越大。在成熟汽车市场中,整个产业链60%以上的利润来源于汽车后市场。同时在汽车维修保养模块,汽车各类技术快速发展,汽车零(部)件质量及可靠性越来越高,在实际维修中,机械电器维修占比越来越低。调查数据显示,车辆每年进行发动机大修率几乎为零,底盘维修率为每年2次,而在修理厂,不论从数量上还是从营业额或利润上,事故车所占比重越来越高。

汽车专业的课程内容应注重坚持理论联系实践的原则,将理论知识与实践结合,突出实践培训。基于现代汽车售后维修形式的改变,为了帮助学校更好地开展车身修复专业建设和课程教学,我们结合诸多资源编写了一套符合现代汽车车身修复专业教学体系的"项目驱动、任务引领"型教材。

  本书涵盖汽车车身修复工具设备、汽车外板件损伤修复、电阻点焊气体保护焊焊接、车身测量与校正等现代汽车钣喷中心规划配置、维修工艺,内容全面;书本内部嵌入二维码,将纸质书和数字化资源紧密贴合;同时配套有相应的学习任务书,将专业理论与实训教学紧密结合。

  本书编写融合了"新知识、新技术、新工艺、新方法"的要求,教材编排目标明确、体例新颖、结构合理,符合学生的认知规律和兴趣特点,适合学校品牌专业建设发展需求。

  本书的主要特色有:

1. 强调以实践为主、理论为辅。
2. 以能力为本位,以就业为导向,面向最贴近生产实际的教学任务。
3. 体现"做中学"的教学理念。
4. 课程设计采用文字、图像、动画、视频等多媒体教学形式,配套资源丰富。

  本书相关资源请登录"http://have.ecnupress.com.cn",在"资源下载"栏目下搜索"汽车钣金"进行下载。

编 者
2024 年 4 月

目 录

项目一 现代汽车车身结构设计 ……………………… 1

活动一 现代汽车车身结构 …………………… 2
一、承载式车身 …………………………… 2
二、非承载式车身 ………………………… 10
活动二 汽车车身材料 ………………………… 13
一、汽车车身钢板 ………………………… 13
二、汽车用塑料 …………………………… 21
活动三 车身板件连接方式 …………………… 25
一、可拆卸连接方式 ……………………… 25
二、不可拆卸连接方式 …………………… 28

项目二 钣金工位布局及基本工具设备 ……… 31

活动一 钣金工位布局 ………………………… 32
一、拆装工位布局 ………………………… 32
二、外板件整形工位布局 ………………… 33
三、车身结合工位布局 …………………… 34
四、车身校正工位布局 …………………… 36
活动二 车身维修工具设备 …………………… 38
一、钣金维修手工操作工具 ……………… 38
二、气动工具 ……………………………… 42
三、车身外形修复机 ……………………… 45
四、惰性气体保护焊机 …………………… 46
五、电阻点焊机 …………………………… 46
六、焊烟抽排设备 ………………………… 46
七、车身校正设备 ………………………… 47

▶ **微课视频**

雷门结构 / 3
承载式车身构件 / 4
承载式车身的后车身
结构 / 6
车身底部后段结构 / 7
现代汽车车身后部结
构 / 7
汽车车身覆盖件 / 8
非承载式车身 / 10
非承载式车身结构 / 11
非承载式车身的前车
身结构 / 12
非承载式车身的主车
身结构 / 12
车身钢板的类型 / 14
车身可拆卸连接方式
/ 26
车身不可拆卸连接方
式 / 28

▶ **微课视频**

气体保护焊 / 46
电阻点焊设备 / 46

项目三　车身损伤诊断技巧 …… 51

活动一　撞击效用理论 …… 52
一、冲击波理论 …… 52
二、冲击波效应 …… 56
三、力的传递 …… 57

活动二　车身损伤形式 …… 58
一、外板件损伤形式 …… 58
二、结构件损伤形式 …… 64

活动三　损伤诊断技巧 …… 67
一、外板件损伤诊断技巧 …… 67
二、结构件损伤诊断技巧 …… 69

项目四　外板件损伤修复 …… 73

活动一　外板件损伤修复作业流程 …… 74
一、汽车车身钢板维修方式 …… 74
二、整平作业要领 …… 85

活动二　外板件整平作业技巧 …… 86
一、板面不平整现象 …… 86
二、钢板的缩火 …… 87
三、钢板缩火作业 …… 88

活动三　车身防腐 …… 94
一、现代汽车车身防腐原理 …… 94
二、防腐失效的原因 …… 95
三、车身防腐处理方法 …… 98

项目五　车身板件更换工艺 …… 109

活动一　车身板件分离、切割 …… 110
一、车身板件分离 …… 110
二、车身板件切割 …… 115

活动二　电阻点焊的运用 …… 121
一、电阻点焊的原理 …… 121
二、电阻点焊三要素 …… 123

▶ **微课视频**

撞击效用理论 / 53
受压面积大 / 53
受压面积小 / 53
正面碰撞 / 53
速度影响车身变形 / 54
后面碰撞 / 55
侧面碰撞 / 56
前部撞击时力量传递路径 / 57
后部撞击时力量传递路径 / 57
侧面撞击时力量传递路径 / 57
凹陷铰折的修理 / 60
局部箱形截面区 / 60
单向隆起部位的变形 / 63
手掌触摸法 / 68

▶ **微课视频**

钣金锤的敲击方向 / 75
制作良好的钣金锤 / 76
虚敲 / 77
安装垫圈电极头 / 79
焊接拉拔垫圈 / 80
焊接拉拔垫圈进行凹陷拉拔修复作业 / 80
拆卸垫圈 / 82
凹陷损伤修复的顺序 / 85
钢板缩火作业的实施原则 / 88

▶ **微课视频**

电阻点焊去除 / 112
电阻点焊原理 / 121
板材厚度与焊丝直径、电流的关系 / 137
板材厚度与焊接速度的关系 / 139
定位焊 / 143
塞焊 / 145

三、电阻点焊影响因素 ……………………………… 125
四、电阻点焊机的焊接质量检查 …………………… 128
五、电阻点焊机的焊接缺陷分析 …………………… 131

活动三　惰性气体保护焊的应用 …………………… 133
一、气体保护焊焊接的优势 ………………………… 133
二、气体保护焊焊接工作原理 ……………………… 134
三、气体保护焊焊接参数的调整 …………………… 135
四、气体保护焊焊接操作要领 ……………………… 140
五、气体保护焊焊接操作 …………………………… 142
六、车身板件焊接的基本操作方法 ………………… 148
七、镀锌金属的气体保护焊 ………………………… 154
八、气体保护焊焊接质量检查 ……………………… 155
九、气体保护焊焊接缺陷 …………………………… 156

项目六　车身测量与校正 …………………………… 159

活动一　车身损伤测量 ……………………………… 160
一、车身测量的意义与基准 ………………………… 160
二、作业的损伤判断（测量） ……………………… 167

活动二　车身损伤校正 ……………………………… 171
一、车身校正基本原则 ……………………………… 171
二、制定工作计划 …………………………………… 172
三、维修作业反向测量 ……………………………… 172
四、拉拔作业 ………………………………………… 173
五、维修范例 ………………………………………… 174
六、侧面损伤维修作业 ……………………………… 175

▶ 微课视频

基准面 / 163
基准中心线和中心面 / 164
零平面 / 165

项目一 现代汽车车身结构设计

由动力驱动并有四个或四个以上车轮的非轨道式的道路车辆统称为汽车。车身是指汽车上除发动机总成、底盘以外,其余部分的总称,主要由前围、侧围、后围总成、地板总成等构件组成。汽车车身结构按受力情况分为承载式车身和非承载式车身两种,在汽车生产制造上,汽车都采用强度好、重量轻的高强度钢。

本项目主要介绍承载式车身和非承载式车身的结构设计,汽车车身涉及的材料及其特点。车身是由很多不同的材料挤压或铸造成的小部件连接在一起形成的,维修前先了解材料的属性和连接方式是非常有必要的。

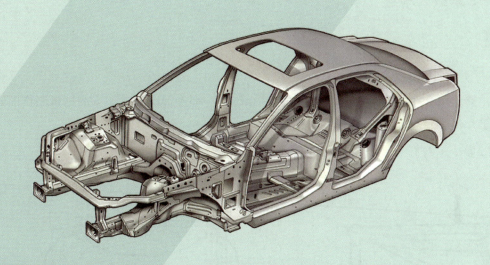

活动一　现代汽车车身结构

 活动目标

知识目标	了解车身结构分类
	了解承载式车身和非承载式车身的优缺点
	能够说出车身各组成部分名称

 知识准备

车身也指构成车身整体的各个部件的布置形式以及部件之间装配的方式。按车身承受负荷的方式,车身结构可分为承载式和非承载式车身两种类型。绝大多数乘用车及大客车为承载式车身结构。

一、承载式车身

1. 承载式车身基础知识

(1) 钢板车身(图 1-1)

① 整个汽车车身由 700~1 000 个部分组成,每一部分都由经过加工的钢板制作而成(钢板厚度为 0.6~1.4 mm)。

② 整个车身有 6 000~10 000 个部位是使用电阻点焊焊接而成的。

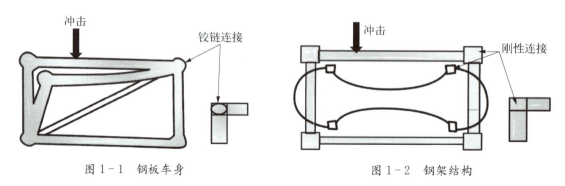

图 1-1　钢板车身　　　　　　　　图 1-2　钢架结构

(2) 钢架结构(图 1-2)

每一部分通过焊接结合在一起,加工成钢架结构。特点是一点受力后,将通过焊接点传递到整个车身。

钢架结构的变形:

① 钢架结构在受力时变形状况如图 1-3(b)(c)(d)所示。

② 钢架结构在单点受力时会将作用力透过构件的节点分散到整个结构。

③ 车辆发生意外事故时,撞击力量可能会以各种角度作用在车身不同位置,而且车身会在各个部位增设强化构件,并利用溃缩区结构防止如图 1-3 所示的变形发生。

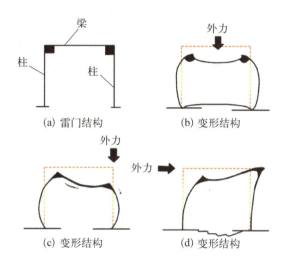

雷门结构

图 1-3 钢架结构的变形

2. 承载式车身结构

承载式车身取消了车架,把车身和底盘设计成一体。车身结构件隐藏在车身覆盖件之下,车身兼起车架的作用,将所有部件固定在车身上,所有的力由车身来承受,也由车体提供车身所需的强度及刚性。承载式车身由于无车架,故而质量小,且底板高度降低,使用时上、下车比较方便。承载式车身广泛用于小轿车,如图 1-4 所示。承载式车身的结构如图 1-5 所示。

图 1-4 承载式车身

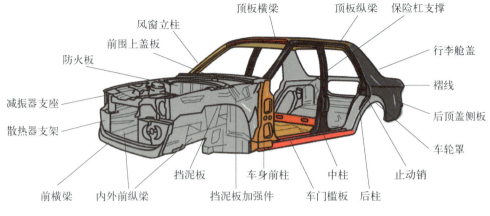

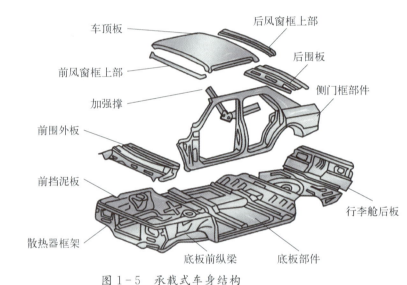

图 1-5 承载式车身结构

3. 承载式车身的前车身结构

承载式车身的前车身由发动机舱、前翼子板、散热器上下支架、散热器侧支架、前横梁、前纵梁、前挡泥板和用薄钢板冲压成的前围板等构成。

前置前驱汽车采用麦弗逊式独立前悬架。前车身的精度对前轮定位有直接影响,所以在完成前车身修理以后,一定要检查前轮的定位。

① 图 1-6 所示为前置前驱汽车纵向放置发动机的前车身。为了增加前挡泥板的强度和刚度,需将前挡泥板与盖板、前纵梁焊接在一起。纵向安置发动机(包括 4WD)的前车身与后轮驱动的前车身几乎相同,但由于前置前驱汽车前部承受较大的载荷,其扭力箱焊接在前纵梁的后端,所以其前纵梁比前置后驱汽车的相应构件强度要大。

② 图 1-7 所示为前置前驱汽车横向放置发动机的前车身。由于前置前驱汽车横向放置发动机的转向操纵机构的齿轮齿条装在前围板的下部,转向传动杆系通过前横梁后部的

大开口和悬架臂一起装在直对开口下面的结构上,所以其前车身的下围板和前纵梁与纵向放置发动机的前轮驱动汽车完全不同。

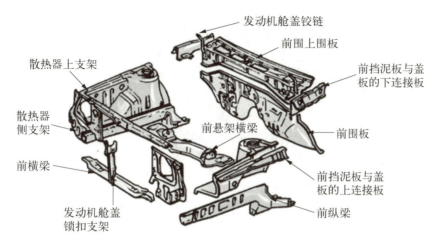

图1-6 前置前驱汽车纵向放置发动机的前车身

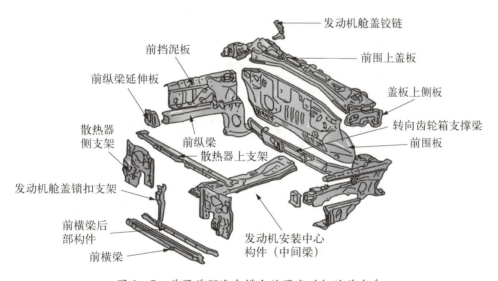

图1-7 前置前驱汽车横向放置发动机的前车身

4. 承载式车身的侧面结构

现代汽车承载式车身侧面车身结构如图1-8所示。前柱、中柱、车门槛板、车顶纵梁等部位都采用三层板设计,同时应用了大量的高强度钢,以防止来自前方、后方和侧面的碰撞引起中部车身变形。车身侧板、车顶板、车地板共同形成乘坐室。在行驶中这些板件把从车底部传来的载荷传递到汽车的上部部件,并阻止车身向左、右侧弯曲。车身侧板也作为门的支架,在汽车翻倒时能保持乘坐室的完整性。车身侧板由于有车门,其强度被削弱,因而用连接的内部和外部板件来加强,形成一个非常坚固的箱形结构。

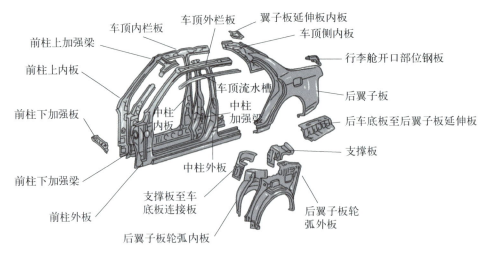

图 1-8 承载式车身侧面结构

5. 承载式车身的后车身结构

前置前驱汽车的后车身由上下两部分组成：上部由后门板、下后板、后侧板、后轮罩外板、后轮罩内板等组成，如图 1-9 所示；下部由后地板横梁和后地板纵梁等组成，如图 1-10 所示。因其前置前驱，油箱又安装在中央底部车身地板下面，因此后地板纵梁比后轮驱动汽车的低。当发生后面碰撞时，大部分的撞击力就可由后行李箱空间吸收。后车地板纵梁的后段都经过波纹加工，以提高吸收撞击的效果。后地板纵梁的后段和后地板纵梁是分开的，车身维修时有利于更换作业（图 1-11）。后地板纵梁的较低部分与后悬架臂连接。后轮采用独立的麦弗逊式悬架，这样可以改进转向操纵性能和提高行驶的稳定性。当发生追尾碰撞时，对后轮定位的影响比后轮驱动汽车要大得多，因此每次在后车身修理完成后都应当检查后轮的定位。

承载式车身的后车身结构

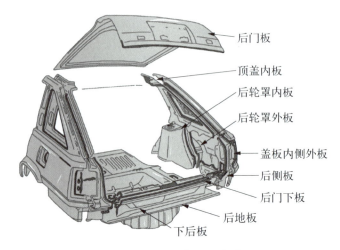

图 1-9 承载式车身的后车身结构

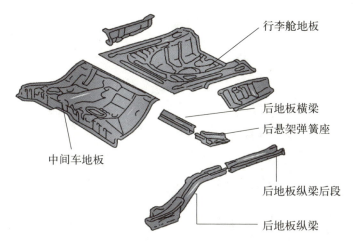

图 1-10 车身底部后段结构

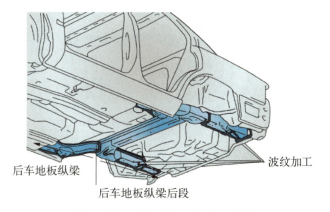

图 1-11 现代汽车车身后部结构

6. 汽车车身覆盖件

汽车车身覆盖件是指构成汽车车身或驾驶室、覆盖发动机和底盘的异形体表面和内部的汽车零件，车身覆盖件主要包括车门、前翼子板、侧围板、发动机舱盖、顶盖、车顶板、行李舱盖等，如图 1-12 所示。汽车覆盖件既是外观装饰性的零件，又是封闭薄壳状的受力零件。

7. 承载式车身的吸能区

能量吸收区，简称吸能区，也叫溃缩区，是指车身受到撞击时，前后组件都溃缩而吸收撞击力量，使巨大的撞击力量不至于作用在车室内的乘员身上，如图 1-13 所示。

（1）汽车前部吸能区

承载式车身结构在车身前段结构中利用构件断面的变化和前轮拱上部构件包角及穿孔，刻意制造应力集中现象，可以吸收撞击力，如图 1-14 所示。

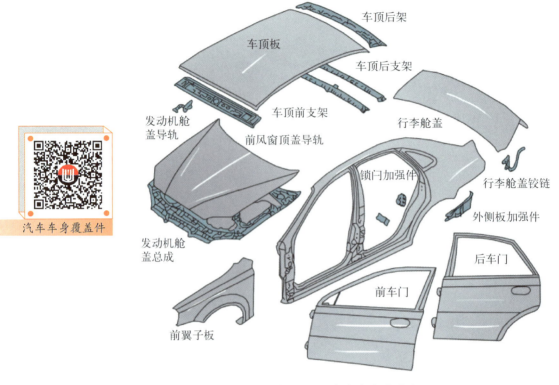

图1-12 汽车车身覆盖件

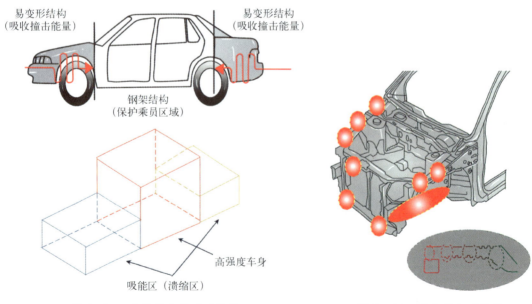

图1-13 承载式车身的吸能区　　　图1-14 汽车前部吸能区

(2) 汽车后部吸能区

① 车身后端设有很多珠状处理区域，使这些组件能够轻易变形以吸收撞击力。

② 翘起区域特别设计出形状的突然改变，在承受应力时可轻易变形，以提高撞击力量的吸收效率，如图 1-15 所示。

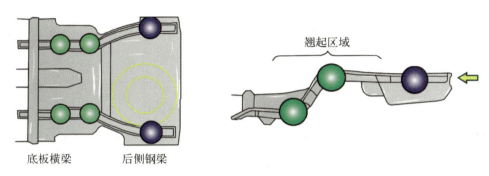

图 1-15　汽车后部吸能区

(3) 车身前段承受的撞击波

车体承受撞击力量 F 时，作用力会从 A 传递到 B、C、D、E 等部位，因为分散了较大的面积而使作用力递减，如图 1-16 所示。

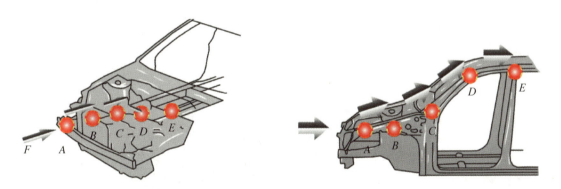

图 1-16　车身前段承受的撞击波

8. 承载式车身的特点

承载式车身没有单独的车架，整个车身与车架合成一体。整个车身是由冲压成不同形状的薄钢板件用电阻点焊连接成的一个整体。其特点有：

① 承载式车身的主要部件是焊接在一起的，车身易于形成紧密的结构，有助于在碰撞时保护车内乘员。

② 由于没有独立车架，车身紧挨地面，质心低，行驶稳定性较好。

③ 承载式车身内部的空间更大，汽车可以小型化。

④ 结构紧凑，重量轻。

⑤ 承载式车身刚性较大，有助于向整个车身传递和分散冲击能量，使远离冲击点的一些部位也会产生变形。

⑥ 当碰撞程度相同时，承载式车身的损坏要比非承载式车身的损坏更为复杂，修复前要做彻底的损坏分析。

⑦ 车身一旦损坏变形，则需要采用特殊的（不会导致进一步损坏的）程序来恢复至原来的形状。

在对承载式车身的检查中容易忽略远离碰撞点的一些不明显的损坏，但是这些损坏在以后会引起操纵或动力系统的故障。承载式车身的前部结构比非承载式车身复杂得多，车身前部不仅装有前悬架构件和操纵联动装置，而且装有整个驱动系统：发动机、传动轴、驱动轴和万向接头等部件。发生碰撞时，车身前部板件承受的载荷更大，要求前部车身的刚性更好。

二、非承载式车身

1. 非承载式车身结构

非承载式车身有独立的车架，车架承受汽车受到的大部分应力，发动机和悬架等产生应力大的构件也安装在车架上，车身也扣装在车架上面。非承载式车身结构广泛用于越野车等，如图1-17所示。非承载式车身的结构如图1-18所示。

图1-17 非承载式车身

2. 车架式汽车的前车身

车架式是非承载式车身的典型结构。车架式汽车的前车身由散热器支架、前翼子板、发

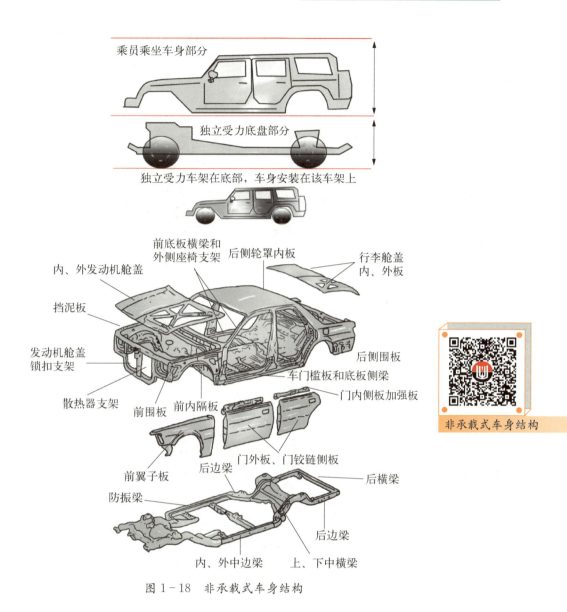

图 1-18 非承载式车身结构

动机舱盖和前挡泥板等组成（图 1-19），由于用螺栓安装，易于分解。散热器支架由上支架、下支架和左右支架焊接成一个单体。非承载式车身的前翼子板不同于无车架式车身的前翼子板，其上边内部和后端是点焊的，不仅增加了翼子板的强度和刚性，并且与前挡泥板一起降低了传到乘坐室的振动和噪声，也有利于减小悬架及发动机在侧向冲击时受到的损伤。

3. 车架式汽车的主车身

乘员室和行李箱焊接在一起构成主车身，它们由围板、地板、顶板等组成（图 1-20）。围板由左右前车身立柱、内板、外板和盖板的侧板构成。地板的前面有一传动轴凹槽，纵贯地板中心。横梁与地板前部焊接在一起，并安装到车架上。当乘员室受到侧向冲击碰撞时，可使乘员室顶边梁、门和侧面车身得到保护。地板的前后和左右边侧用压花工艺做成皱折,增加地板的刚度,减少了振动。

非承载式车身的前车身结构

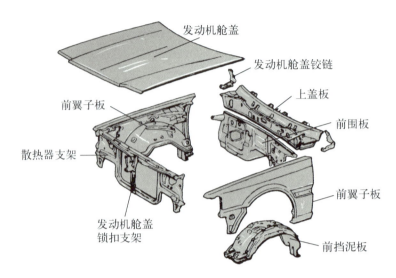

图1-19 车架式汽车的前车身

非承载式车身的主车身结构

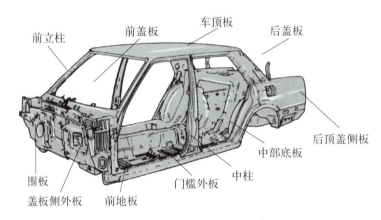

图1-20 车架式的主车身

活动二 汽车车身材料

活动目标

知识目标	了解车身上主要使用哪些材质的钢板
	了解各种钢材在车身上的应用
技能目标	掌握汽车各部位强度知识

知识准备

汽车车身用材料大致可分为两大类：金属材料和非金属材料。

① 金属材料：钢板、铸铁等金属材料；铝、镁、钛等轻金属及其合金材料、泡沫金属等材料。

② 非金属材料：主要是工程塑料。

一、汽车车身钢板

汽车车体的主要材料就是厚度为 0.6～2.5 mm 的薄钢板。钢板与其他材料相比，具备价格便宜、机械加工性优良、可热处理调整等优点，一直是车体的主要材料。

薄钢板可分为冷间压延钢板（冷轧钢板）、热间压延钢板（热轧钢板）、高强度钢、高张力钢、表面处理钢板（防锈钢板）、制振钢板等。

1. 冷间压延钢板（冷轧钢板）

钢在热间受到压延之后，再受到冷间压延的钢板称为冷间压延钢板。此种钢板的板厚的精度与表面质量比较优越，大部分的车体用钢板都采用冷间压延钢板，其厚度一般为 0.6～1.2 mm。如果外板的强度要求并不高，但讲究优良的平整精度与冲压加工性，此类钢板就非常适用。冷间压延钢板根据被应用的零件形状不同，可分为下列三种，见表 1-1。

2. 热间压延钢板（热轧钢板）

钢受到再结晶温度（800～900℃）的热间压延，形成表面比较粗糙、板厚为 1.6～6.0 mm、车体用的（如底梁与骨架）可兼顾成型性与强度的钢板，即为热间压延钢板。

表 1-1　冷间压延钢板的分类应用

种　类	符　号	用　途
一般用	SPC-C	发动机舱盖、车顶、行李箱盖、车底板
挤形用	SPC-D	车门外板、轮胎室
深挤形用	SPC-E	前翼子板、车门内板

3. 高强度钢

高强度钢泛指强度高于低碳钢的各种类型的钢材,一般强度为 200 MPa 以上。

新设计的整体式车身通常比车架式车身小,车身的前部要求能够承受比过去大得多的载荷,并能够更好地吸收碰撞能量。高强度钢正好可以解决这两方面的问题。

目前的整体式车身对构件的要求有以下几点:

① 要有足够的强度。例如挡泥板,它不仅具有挡泥板的作用,同时还要能够承受悬架的一部分载荷,并支撑横向安装的发动机、蓄电池、点火装置和减振器。

② 要求重量轻,以减少燃料消耗。

③ 要有很好的塑性。高强度钢可以设计成抗弯截面,能吸收碰撞能量并减少传递到乘员室内的变形。

为了达到这些要求,许多汽车制造厂都采用强度高、重量轻的高强度钢来制造现代汽车车身大部分的板件。图 1-21 所示为高强度钢在现代汽车车身上的应用。

车身钢板的类型

图 1-21　高强度钢在车身上的应用

深拉延软钢
高强度钢
较高强度钢
超高强度钢
超高强度热成形钢
铝质板材
铝质铸件

高强度钢在汽车上使用一般分为下面几种。

(1) 高强度、低合金钢(HSLA)

高强度、低合金钢(HSLA)又称回磷钢,通过在低碳钢中加入磷来提高钢的强度。它有和低碳钢相类似的加工特性,为汽车的外部面板和车身提供了更高的抗拉强度。

在美国生产的许多车上都有高强度、低合金钢,如前后梁、车门槛板、保险杠面板、保险杠加强筋和车门立柱等。由于它的强度主要取决于添加的化学元素,所以将钢材在600℃或更高的温度下加热几分钟以后,专门加入的硬化元素在受热部位将被更大、更软的元素吸收,导致强度降低。

(2) 高抗拉强度钢(HSS)

高抗拉强度钢(HSS)又称硅-锰固溶体淬火钢。这种钢增加了硅、锰和碳的含量,使抗拉强度得到提高。一般用这种钢来制造与悬架装置有关的构件和车身等。

沉淀淬硬钢是另一种高抗拉强度钢,它通过形成碳氮化铌沉淀物来提高钢材的强度。这是20世纪70年代初期发展起来的一种高抗拉强度钢,具有优异的加工和冲压性能。这种钢主要用于车门边护板、保险杠加强筋等。

大多数从日本进口的汽车上都装有高抗拉强度钢制成的车身构件。常规的加热和焊接方法不会明显降低这种钢的强度,它的屈服强度可达350 MPa、抗拉强度可超过450 MPa。在汽车受到碰撞而产生变形时,它的应力将增加。如果对受到碰撞的部位适当加热,促使它恢复原来的变形,可减小因碰撞而产生的应力,使强度恢复到原来的水平。如果碰撞所产生的应力超过了材料的抗拉强度,钢材将会破裂。一般的焊接方法(包括氧乙炔焊)都可用于修理这类构件。在进行氧乙炔焊时,必须特别注意,在用氧乙炔焊炬加热的部位周围必须使用温度显示的方法,将这些地方的温度限制在600℃以内。车门护梁和保险杠加强筋都不适宜校正,而应更换(对于车门护梁的轻微损坏,只要它不影响门的对准或门的功能,可以忽略不计。如果它已经凹陷或产生其他变形,应加以更换)。

(3) 超高强度钢(UHSS)

在现代车身上应用的超高强度钢(UHSS)主要有双相钢、多相钢和硼钢等。

① 双相钢(DP钢)。双相钢是将钢材在一个连续的热处理传送带或带钢热轧机上淬火得到的。这种钢具有两相显微组织(淬硬的马氏体结构和铁素体结构),如图1-22所示。分类标准例如H300X,其结构组织主要由低碳铁素体基质相(75%~90%)及内嵌的硬马氏体团(5%~20%)组成(均为质量分数)。化学分析(质量分数%)如表1-2所示。

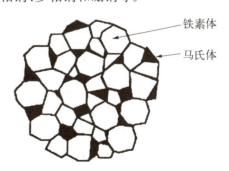

图1-22 双相钢

表1-2 双相钢的化学分析

C	Si	Mn	Cr
0.12	0.15	1.4	0.4

双相钢力学性能：

- 高抗拉强度。
- 变形较小时即可获得较高的硬度,强度较高时具有较好的变形特性和较高的能量吸收能力(碰撞)。
- 较好的抗弯能力。
- 预成形后具有较高的烘烤硬化潜力。

双相钢的应用：

双相钢适用于制造复杂的高强度结构件。由于具有较高的部件强度和较好的力学特性,因此这种材料可以用于制造与碰撞相关的部件。双相钢通常适用于制造高拉延率的部件,尤其是车身中面积较大的成形部件。

② 多相钢。多相钢具有多相的显微组织(铁素体、奥氏体、贝氏体和马氏体结构),如图1-23所示。它具有很高的强度。

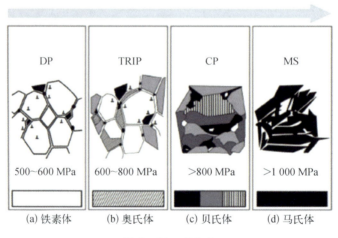

图1-23 多相钢

汽车上所有的车门、车顶护梁和一些保险杠加强筋都是由各种超高强度钢制成的。

③ 硼钢。对普通碳钢添加合金元素(如硼元素、碳元素等)并同时进行热处理,抗拉强度能达到1 300～1 400 MPa。对于汽车车身上那些既要求具有高强度又要求高成型度的部件来说,硼钢是很合适的材料。使用硼钢可以最大限度地减轻重量。如宝马最先使用硼钢的

部件是 E46 敞篷车的 A 柱加强件，E60 的 B 柱上部加强件也由硼钢制成，如图 1-24 所示。

超高强度钢不同寻常的高强度是由在加工过程中产生的特殊细化的晶粒形成的。修理中的重新加热将会破坏这种独特的结构，而使钢的强度降低到一般低碳钢的水平。此外，这些钢材非常坚硬，一般修理厂的设备无法在常温下对它们进行校正。因此，受损坏的超高强度钢零部件不可修复，必须更换。

图 1-24
宝马 E60 敞篷车
B 柱加强件

4. 高张力钢

高张力钢板与普通钢板相比，具备较大的拉引强度、较高的屈伏点与较高的屈强比等特点。所以，较薄的板厚，可以得到相同的强度，即可以得到轻量化的效果。

（1）高张力钢板的使用目的

① 轻量化。使用高张力钢板最大的目的就是轻量化，使用薄钢板可以在获得相同强度的前提下，使整车车体的重量得到相应的减轻。

② 增强疲劳强度。为了得到经久耐用的车辆，通常将其使用在容易受力的部位。

③ 确保大变形冲击强度。为了在车辆发生撞击事故时有效地保护乘员的安全，通常将其使用在车体主体部分。

④ 防止外板板件的局部变形。适用于外板板件容易受到外力、变形的部位，受到局部的外力时可防止发生塑性变形（耐传导性的提高）。

在汽车车体上使用高张力钢板的部位如图 1-25 所示。

（2）高张力钢的种类

根据强化的机理不同，高张力钢可以分为以下三类。

① 固溶强化型钢板。这是在铁的结晶中固溶碳、硅、锰、磷等原子半径不同的元素，通过使晶格变形，使其不易发生转位而获得的强化物。

② 析出强化型钢板。这是通过将钛、铌、钒等的微细碳化物从钢中析出、分散，使其周围发生晶格变形，并使结晶粒微细化而获得的强化物。

③ 复合组织强化型钢板。这是通过热处理改变内部组织而获得的强化物。

通常门外板、前翼子板等外板和纵梁、侧门槛等内板使用固溶强化型钢板，保险杠加强件、车门防撞杆等加强部件使用析出强化型、复合组织强化型钢板。对于固溶强化型钢板的维修，虽然不需要特别与普通钢板相区别，但是对其加热修正（700～900℃）时，会出现材质变化和脆性变化，需要注意。

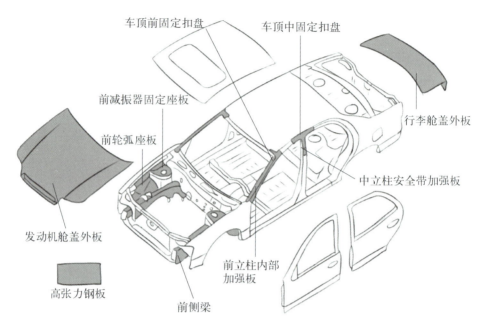

图 1-25 汽车车体上使用高张力钢板的部位

5. 表面处理钢板（防锈钢板）

为了提升钢板防锈性能，在钢板的表面施以锌、锡、铝等金属电镀层，这种钢板称为镀层钢板；有的汽车则采用以含锌粉末的涂料来涂装的钢板，这种钢板称为涂装钢板。根据车体各部位不同的耐蚀性要求，会采用不同种类的表面处理钢板，如图1-26所示。

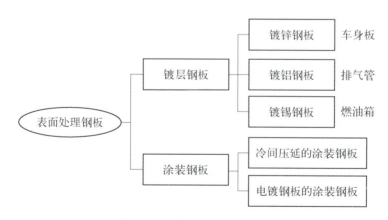

图 1-26 表面处理钢板工艺

在镀锌、镀铝和镀锡三种镀层钢板中，镀锌钢板对碱性环境的防腐蚀性能要好于对酸性环境，一般用于车身钢板；而镀铝钢板对酸性环境的防腐蚀性能要好于对碱性环境，一般用于排气管护板；镀锡钢板则用于燃油箱。

(1) 镀锌钢板

在车身中应用最广泛的是镀锌钢板。由于钢板的表面有锌,空气不能直接和钢板接触,当锈蚀情况出现时,锌所具有的特性为先于钢板生锈,让锌层先腐蚀来防止钢板生锈。锌生锈时,只在表面上形成薄薄的涂层程度的锈,不会像钢板一样锈至内部。

涂完锌涂层的钢板不容易进行涂装,现在修补用的涂料一般都是可以在防锈钢板上喷漆的,但是在防锈钢板上重新进行涂装的时候,还是需要注意,防止涂装后出现问题。

镀锌钢板的种类有以下几种:

① 电镀锌钢板。虽然表面均匀,涂装性、焊接性好,但是镀层薄,防锈性差。

② 溶融镀锌钢板。镀层厚,防锈性好,不过焊接性和涂装性差。

③ 镍锌合金电镀钢板。通过电镀锌和镍的合金,力求达到涂装性、加工性和防锈性合为一体的效果。

④ 合金化溶融镀锌钢板。将溶融镀锌钢板加热到 450～600℃,对镀层膜进行与铁的合金化处理。这样处理后,可以提高钢板的焊接性、涂装性、防锈性。

车身用的镀锌钢板有单面镀锌和双面镀锌两种,如图 1-27 所示。双面镀锌钢板一般用在车身的下部板件,如车地板、挡泥板、发动机罩等部位,这些部位经常接触腐蚀物质,需要重点防护。单面镀锌一般用在不经常接触腐蚀物质的部件,如车身上部的板件。

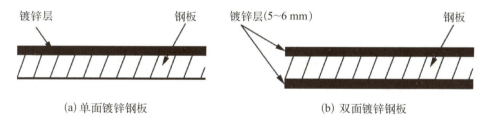

图 1-27 单面与双面镀锌钢板

镀锌钢板上的单面镀锌根据锌镀层的不同,一般分为单层镀锌和双层镀锌两种,如图 1-28 所示。

(2) 两面处理钢板

两面处理钢板(新 Dula Steel 锌镍钢板)是在单面处理钢板(Dula Steel 锌镍钢板)的外表再施以镍-锌合金电镀层而成,这样做可大幅提升钢板的防锈效果。即使外板漆膜发生损伤,也可以抑制锈向钢板集体扩散,达到良好的防锈效果。

根据防锈处理方法的不同,可分为三种,如图 1-29 所示。

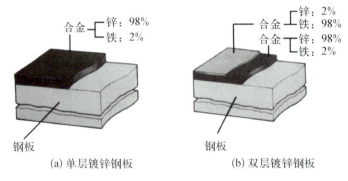

图 1-28 镀锌涂层的类型

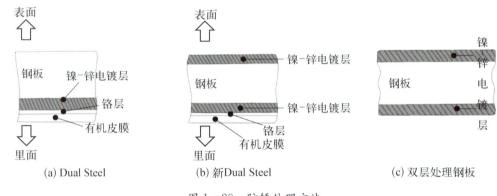

图 1-29 防锈处理方法

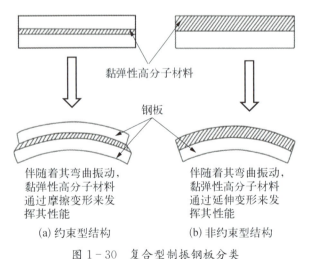

图 1-30 复合型制振钢板分类

6. 制振钢板

制振钢板是指使用黏弹性高分子材料的钢板,其功能为降低车内噪声和提高乘坐的舒适性,一般有复合型与合金型两种。复合型又可以分为中间层高分子经过移位变形发挥黏弹性的约束型,以及经过热粘接处理的非约束型,如图1-30所示。

制振钢板常用于车室前隔板与车室底板。

7. 不锈钢板

不锈钢板是一种铬、镍合金碳钢,碳钢的含铬量大约为12%(质量分数),在车身上主要用于一些豪华车的外装饰部件。

8. 汽车制造厂钢质材料名称及代号

不同的汽车制造厂会采用许多不同的钢材来制造汽车,这就是会有许多材料名称及代号的原因,以下逐一介绍。

(1) BTR

德国制造的非常硬的钢材,并且分成不同等级,强度平均为 1 480 MPa,其中最常见的一种是 BTR 165。

(2) BOR

BOR(或称为硼合金钢)是由瑞典制造的钢材,强度平均为 1 500 MPa,目前已经应用在沃尔沃、奔驰、宝马的车上(中柱)。

(3) TRIP

强度平均为 720～900 MPa,最常见的种类为 TRIP 800(门槛内加强板)。

(4) LIP

强度平均为 380～760 MPa。

(5) HSLA

有时候也称为 ZSTE,它们属于同一系列的材料,例如:ZSTE/HSLA 280、ZSTE/HSLA 320、ZSTE/HSLA 360、ZSTE/HSLA 420。

(6) DP

即双相钢,最常见的种类有 DP 400、DP 600,强度平均为 500 MPa。

(7) BH

即烘烤硬化钢,其兼具强度和较高的可成形性。在车体制造加工完成后,需要对车体重新加热,车体钢材因此可以达到较原钢材更高的强度及硬度。也可以利用烤漆烘烤干燥的过程达到重新加热钢材的目的。

(8) USIBOR

这是由法国制造的钢材,最常见的种类为 USIBOR 1600,强度平均为 1 600 MPa。

(9) Bonazinc

即所谓的镀锌钢板,表面通常呈深灰色,主要目的是防锈。

(10) Granocoaing

它是另一种新的镀锌钢板,表面通常呈绿色,主要目的是防锈。

二、汽车用塑料

塑料在汽车上的应用发展很快,从最初的仅被用于制造内饰件和小机件,发展到如今的可替代金属制造各种机械配件和车身板件，应用越来越广泛。用塑料替代金属，既可获得汽车轻量化的效果，又可改善汽车的某些性能，如耐磨、防腐、避振、减小噪声等。随着汽车工业的发展，塑料的应用越来越受到重视。图1-31所示为塑料制汽车保险杠。

图1-31　汽车保险杠

1. 塑料的组成

塑料是以合成树脂为基体，并加入某些添加剂制成的高分子材料。它在一定温度、压力下可以塑造成各种形状的部件。

（1）合成树脂

合成树脂是塑料的主要成分，它的种类、性质及加入量的多少对塑料的性能起到很大的作用，大部分塑料是以所加树脂的名称来命名的。工程上常用的合成树脂有酚醛树脂、环氧树脂、氨基树脂、有机硅树脂和聚氯乙烯、聚苯乙烯等。

（2）添加剂

加入添加剂是为了改善塑料的性能，扩大其使用范围。添加剂一般包括填料、增塑剂、稳定剂、固化剂和着色剂等。

填料主要起强化作用，同时也能改善或提高塑料的某些性能，如加入云母、石棉粉、氧化硅可以提升塑料的电绝缘性、耐热性、硬度和耐磨性。增塑剂用于提高塑料的可塑性与柔软性。稳定剂可以提高塑料在光和热作用下的稳定性，以延缓老化。固化剂可以促使塑料在加工过程中硬化。着色剂可以使塑料制品的色彩美观。

2. 塑料的分类和特性

塑料的种类很多，按其热性能不同，可以分为热固性塑料和热塑性塑料两种。

（1）热固性塑料

热固性塑料是指经过一次固化后，不再受热软化，只能塑制一次的塑料。这类塑料耐热性好，受压不易变形，但力学性能较差。

常用的有环氧树脂、酚醛树脂、氨基树脂、有机硅树脂等。

（2）热塑性塑料

热塑性塑料是指受热时软化，冷却后又变硬，可反复多次加热塑制的塑料。这类塑料加工成形方便、力学性能较好,但耐热性相对较差、容易变形。

热塑性塑料数量很大,约占全部塑料的80%,常用的有聚乙烯、聚氯乙烯、聚四氟乙烯、聚苯乙烯、聚丙烯、聚甲醛、聚苯醚、聚酰胺等。

3. 塑料的主要特性

塑料具有许多优良的物理、化学性能,如下所示。

① 重量轻:塑料的相对密度一般只有 $1.0\sim2.0\ g/cm^3$,可以大幅度减轻汽车的重量,降低油耗。

② 化学稳定性好:一般的塑料对酸、碱、盐和有机溶剂都有良好的耐蚀性。

③ 比强度高:比强度是指单位质量的强度。尽管塑料的强度要比金属低,但塑料密度小、重量轻,以等质量相比,其比强度高。

④ 电绝缘性好:大多数塑料有良好的电绝缘性,汽车电器零件广泛采用塑料作为绝缘体。

⑤ 耐磨、减摩性好:大多数塑料的摩擦系数较小,耐磨性好,能在半干摩擦甚至无润滑条件下良好地工作。

⑥ 吸振性和消声性好:采用塑料轴承和塑料齿轮的机械,在高速运转时,可平稳地转动,大大减小噪声,降低振动。

4. 塑料在汽车中的应用

由于塑料具有诸多金属和其他材料所不具备的优良性能,因此在汽车上应用很广。常用于制作各种结构零件、耐磨减摩零件、隔热防振零件等。汽车常用塑料的种类、特性及应用见表1-3。

表1-3 塑料在汽车中的应用

类型	符号	化学成分	应用
热塑性塑料	PE	聚乙烯	翼子板内板、内装饰板、扰流器、溢流箱、散热器护罩、汽油箱
	PC	聚碳酸酯	内部刚性装饰板
	PVC	聚氯乙烯	内装饰件、软垫板
	PS	聚苯乙烯	仪表外壳、汽车灯罩
	TPE	热塑性人造橡胶	保险杠护罩、护板、发动机罩下的部件
	PP	聚丙烯	保险杠护罩、导流板、内部嵌条、散热器护罩、内翼子板、汽油箱
	TPUR	热塑性聚氨基甲酸乙酯	保险杠护罩、软护板、挡泥板、门槛套

续 表

类型	符 号	化学成分	应 用
热固性塑料	TPO、EPM、TEO	聚丙烯＋乙烯丙烯橡胶（至少20%）＋聚烯	保险杠护罩、导流板、扰流板、仪表板、格栅
	PA	聚酰胺	散热器箱、前照灯灯圈、侧围板外延部分、外部装饰部件
	PC＋PBT	聚碳酸酯＋聚丁烯对苯二酸酯	保险杠护罩
	PPE＋PA（PPO＋PA）	聚亚苯基乙醚＋聚酰胺	翼子板、外部装饰件
	ABS	丙烯腈丁二烯苯乙烯	仪表组、装饰嵌条、控制台、肘靠、格栅
	PUR	热固性聚氨基甲酸乙酯	保险杠护罩、前后车身面板、护板
	PC＋ABS	聚碳酸酯＋丙烯腈丁二烯苯乙烯	车门面板、仪表板
	UP、EP	不饱和聚酯，环氧树脂（热固性）	翼子板外延部分、发动机罩、车顶、行李箱盖、仪表组护罩
	TEEE	醚酯人造橡胶	保险杠面板、门槛套
	PET	聚对苯二甲酸乙二醇酯＋聚酯	翼子板
	EEBC	醚酯嵌段共聚物	门槛套嵌条、翼子板外延部分、保险杠延长段
	EMA	乙烯/甲基丙烯酸	保险杠护罩
	PUR、RIM、RRIM	热固性聚氨基甲酸乙酯	挠性保险杠护罩（特别是国产车）、护板、门槛套
	SMC、UP、FRP	玻璃纤维加强塑胶	刚性车身面板、翼子板、发动机罩、行李箱盖、扰流器、顶板、后侧围板

项目一　现代汽车车身结构设计

活动三　车身板件连接方式

知识目标	了解车身板件连接方式的用途
	了解哪些板件可拆除
技能目标	掌握螺栓、铰链连接的拆除

知识准备

汽车车身是由金属板材经冲压制成的独立构件,然后通过组合将多个构件连接起来的一个整体。汽车车身绝大部分都是车身覆盖件,如翼子板、发动机舱盖、车门外板等,这些车身覆盖件有的是可以拆卸分离的,有的则是通过焊接技术将构件连接在一起的,即车身上的金属构件连接在一起的方式分为可拆卸连接方式和不可拆卸连接方式两大类别。

一、可拆卸连接方式

汽车车身上的发动机舱盖、行李箱盖、前翼子板、车门等,都属于车身的活动部件,这些构件称为非永固构件。这些构件在维修作业时需要进行拆卸修理作业,因此不能采用永久性的连接方式,只能采用可拆卸的形式将这些车身活动部件连接在一起。可拆卸连接方式可分为螺纹连接、卡扣螺钉连接、自攻螺钉连接和铰链连接。

1. 螺纹连接

螺纹连接主要用在车身上不需要经常活动的构件,如前翼子板等金属构件。在汽车使用过程中,这类车身构件发生损伤的频率相对较高,经常需要进行修理。如果这类车身构件实施永固性的接合方式,将会给修理带来较大的麻烦。因此,这类构件在车身上的连接采用非永固性的、随时可以根据需要进行拆卸的连接方法。汽车设计制造时,考虑到能够方便拆卸,都是采用螺纹连接的方法将构件与构件连接起来。

螺纹连接可以用螺栓与螺母直接连接,如图 1-32 所示。同时,也可以将螺母预先焊接在车身板件上,然后通过螺栓将另一块车身板件与其连接在一起,如图 1-33 所示。对于板件比较厚的部位,也可以在板件上直接攻入螺纹,然后使用螺栓将构件与构件连接在一起。

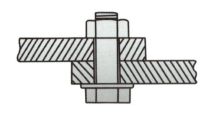
图 1-32 螺栓与螺母直接连接

图 1-33 螺栓与焊接螺母连接

2. 卡扣螺钉连接

在汽车车身中,某些部位空间较小,且由于某种原因需要安装的零部件比较多,采用螺纹连接拆装不方便,或由于板材较薄,焊接螺母也可能会引起板材的变形及其他不可预见的情况,在这种情况下一般都是使用卡扣螺钉进行构件与构件的连接。

采用卡扣螺钉连接方式时,需在需要固定的地方使用电钻钻好孔,孔径的大小要与卡扣螺钉的直径相同,然后将卡扣插入此部位,再使用螺钉拧入,卡扣螺钉连接如图 1-34 所示。利用卡扣螺钉连接构件方便、简单,卡扣的形式多种多样,如图 1-35 所示。卡扣螺钉连接主要用于安装汽车室内装饰件、装饰条、外部装饰件、线路等。

车身可拆卸连接方式

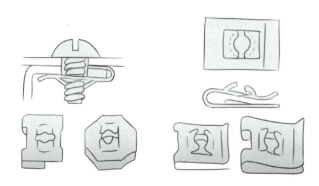
图 1-34 卡扣螺钉连接

3. 自攻螺钉连接

自攻螺钉多用于薄的金属板之间的连接,使用自攻螺钉连接方式连接车身构件时,先要对被连接构件按照螺钉规格进行钻孔,再将自攻螺钉拧入被连接件的螺纹底孔中,由于自攻螺钉的螺纹表面具有较高的硬度(≥45HRC),可在被连接件的螺纹底孔中攻出内螺纹,从而形成连接。自攻螺钉连接用于对强度要求不是很高的部位。自攻螺钉的种类如图 1-36 所示。

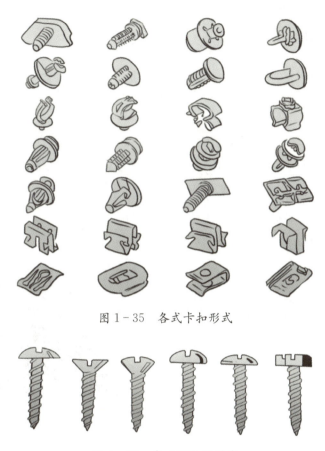

图 1-35 各式卡扣形式

图 1-36 自攻螺钉的种类

4. 铰链连接

对一些经常需要活动的车身构件,一般都采用铰链连接的方式,如车门、发动机舱盖、行李箱盖等需要经常开关的部件。用铰链连接的构件,在维修时拆装方便。铰链连接如图 1-37 所示。

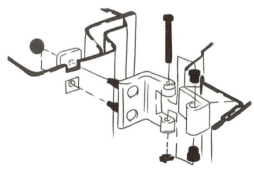

图 1-37 铰链连接

二、不可拆卸连接方式

在车身连接中,对于一些不能用螺栓连接和卡扣连接的车身构件,一般都采用不可拆卸连接方式。

1. 摺边连接

车身中无法采用焊接或者铆接方式连接的构件可以采用摺边的方法进行连接,如车门内外板、发动机舱盖内外板、行李箱盖内外板的连接。摺边连接的方法是将一块板件的边先折成一定形状,再将另一块板件放入摺边位置进行扣合,如图1-38所示。图1-39所示为汽车发动机舱盖内外板摺边连接。

车身不可拆卸连接方式

图1-38 摺边连接

图1-39 发动机舱盖内外板摺边连接

2. 焊接连接方式

焊接是对需要连接的金属板件加热,使它们共同熔化,最后结合在一起的方式。焊接在现代车身接合中应用很广泛,焊接可以获得与母材相接近的强度,而且连续焊接不仅具有良好的水密性、气密性,还有比其他任何连接方式都可靠的结合强度。同样,在车身维修作业中,对于车身构件的结合也离不开焊接工艺的应用,尤其是维修因为行驶导致事故而损伤的车辆,譬如因车身构件的撕裂及严重变形需要切割、更换构件时,离开了焊接工艺就不能完成修复。

焊接基本上可分为三种类型:压焊、熔焊和钎焊。

(1)压焊

压焊通过电极对金属加热使其熔化,并加压使金属连接在一起。在各种压焊方法中,电阻点焊是汽车制造和汽车维修中最常用的焊接方法。

(2)熔焊

熔焊通过电弧或火焰等方式将金属件加热到熔点,使其熔化连接在一起(通常采用焊条、焊丝)。在汽车维修中一般使用惰性气体保护焊接的方法。

（3）钎焊

钎焊是在需要焊接的金属件上，将熔点比它低的金属熔化（金属件不需熔化）而进行连接。根据钎焊材料熔化的温度，可分为软钎焊和硬钎焊。钎焊材料的熔化温度低于450℃的是软钎焊，钎焊材料的熔化温度高于450℃的是硬钎焊。现代汽车售后维修中基本不使用钎焊。

项目二　钣金工位布局及基本工具设备

　　目前国家大力支持汽车产业的发展,新兴汽车品牌也越来越多,汽车保有量业已经突破3亿辆大关。汽车保有量的增长和品牌数的增多,使得全国各地开设了越来越多的品牌4S店,设置了更多的钣金人员岗位,对钣喷作业提出了更加高效的要求。合理地使用车身维修设备能快速高效地修复车身损伤,使其达到原厂标准。

　　本项目根据维修人员的工作需要,对汽车钣金常用的工位功能及维修所涉及的工具设备做简单的介绍,使学生对本书后续的钣金操作设备有一个初步的了解和认识。

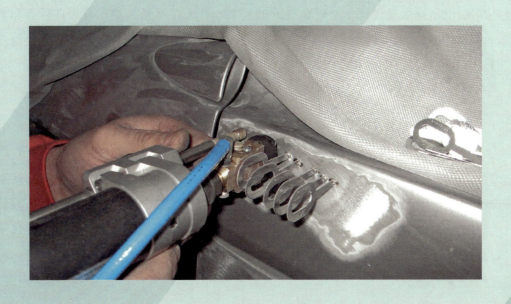

活动一　钣金工位布局

活动目标

知识目标	了解外板件修复的工位用途和设备要求
	了解结合工位的用途和设备配置
	了解校正工位的用途和设备配置
技能目标	模拟在拆装工位将车身固定到校正平台上

知识准备

钣金作业忌讳场地凌乱、作业不规范。要根本解决这类问题就要在车间规划时强调科学性、合理性。科学性就是要按工艺设置工位，配置相应的设备和工具。设备和工具要体现先进性和实用性，满足现代汽车对钣金技术的要求。合理性就是针对车身板件种类和数量繁多、拆卸作业量大的特点，在车间布置时设置板件专属存放区或储存仓库，并且根据车辆进厂量设置相应数量的工位数。

一、拆装工位布局

1. 拆装工位功能

进行车辆维修前一般都要把受损板件拆下，并且拆除板件上的电子元件等。进行事故车维修时甚至还要把发动机等机电设施拆除，以方便测量车身尺寸进行拉拔校正，同时防止对机电设施造成二次损坏。拆装工位举升机可用来将事故车固定在大梁校正平台上，维修人员可以在本工位上实施一些小型维修，如对风窗玻璃、塑料件以及未破坏漆面的凹陷（如冰雹损伤）进行修复。

2. 拆件工位布局与配置

拆件工位（图2-1）必须配备齐全的零件拆除工具，防止不正规的拆卸损坏零件，同时保障零件拆卸后的存储空间。如果旁边有机电工位可以不设置该工位，零件拆卸后放库房。

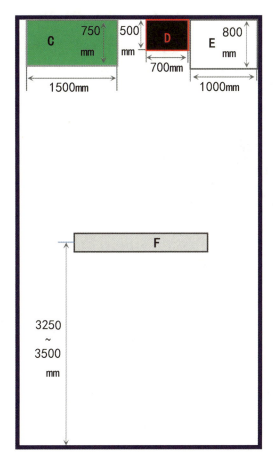
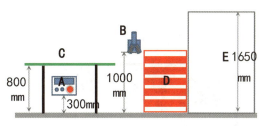

索引说明：

符号	说明
A	电控箱
B	压缩气源
C	工作桌
D	工具车
E	零件存储车
F	举升机

图 2-1 拆装工位布局

3. 拆装工位设计标准

- 尺寸不得小于(3.6～4)m×(6～7)m(宽×长)，高度不低于4.5 m。
- 满足噪声、灰尘、光线防护方面的要求。
- 有充足的空间可用来妥善存放已拆卸的部件。
- 通过天窗、荧光灯、日光进行照明(强度至少为 800 Lux)，推荐使用日光(应避免阳光穿过窗户直接照射进来)。

二、外板件整形工位布局

1. 外板件整形工位功能

汽车外板件维修工位是车身修复使用率最高的工位。汽车发生碰撞时都会涉及外板件的维修，外板件工位的功能主要是用来维修碰撞后的凹陷板件。

2. 外板件整形工位布局与配置

外板件整形工位视维修业务量安排 2～4 个工位,每个工位设备设施齐全,能独立完成板件损伤修复工作,如图 2-2 所示。

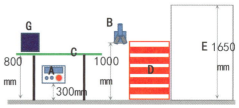

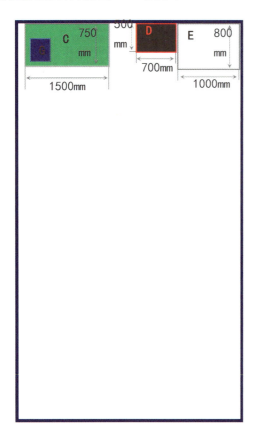

索引说明:

符号	说明
A	电控箱
B	压缩气源
C	工作桌
D	工具车
E	零件存储车
G	车身外形修复机

图 2-2 外板整形工位布局

3. 外板整形工位建制标准

- 满足噪声、灰尘、光线防护方面的要求。
- 有充足的空间可用来妥善存放已拆卸的部件。
- 通过天窗、荧光灯、日光进行照明(强度至少为 800 Lux),推荐使用日光(应避免阳光穿过窗户直接照射进来)。
- 尺寸不得小于(3.6～4)m×(6～7)m(宽×长),作业高度在 2.5～3 m 之间。

三、车身结合工位布局

1. 车身结合工位功能

车身结合工位可用于更换螺栓连接和焊接的钣金件、扣接、切割。

2. 车身结合工位布局与配置

车身结合工位用于更换板件的拆除作业,必须保证留有足够的作业空间和拆件存储空间,如图2-3所示。

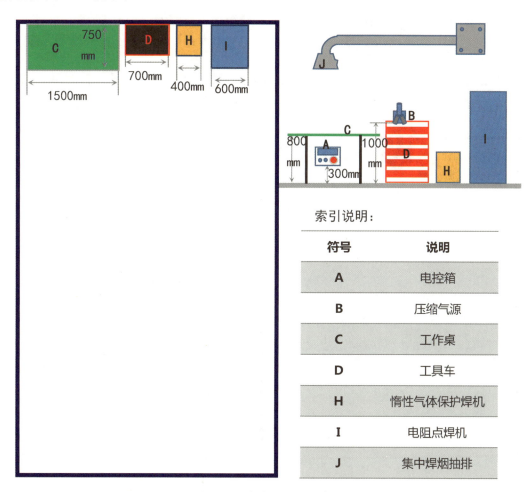

图2-3 车身结合工位布局

索引说明:

符号	说明
A	电控箱
B	压缩气源
C	工作桌
D	工具车
H	惰性气体保护焊机
I	电阻点焊机
J	集中焊烟抽排

3. 车身结合工位建制标准

- 满足噪声、灰尘、光线防护方面的要求。
- 有充足的空间可用来妥善存放已拆卸的部件。
- 焊烟抽排设备可为带吸气臂、排气管的移动式或固定式焊烟吸尘器(具有较高的抽吸能力,能够有效移除高浓度焊接烟尘和有毒排放物)。
- 通过天窗、荧光灯、日光进行照明(强度至少为800 Lux),推荐使用日光(应避免阳光穿过窗户直接照射进来)。

四、车身校正工位布局

1. 车身校正工位功能

车身校正工位用于校正车身几何形状和对车辆结构进行整形。

2. 车身校正工位布局与配置

车身校正工位布局如图2-4所示。焊雾吸收装置可为带吸气臂、排气管的移动式或固定式焊烟吸尘器(具有较高的抽吸能力,能够有效移除高浓度焊接烟尘和有毒排放物)。

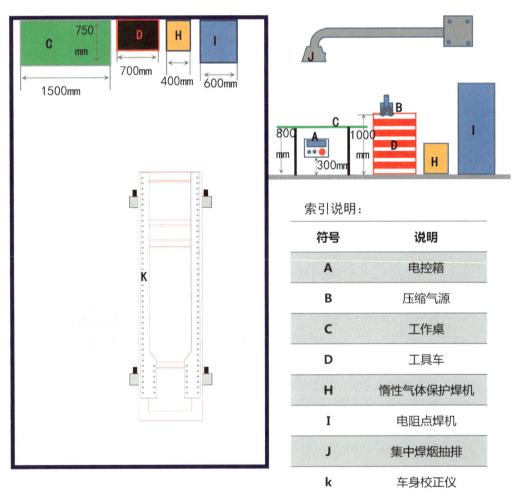

图2-4 车身校正工位

3. 车身校正工位建制要求

- 工位位于钣金车间的中后部区域。
- 框架式校正平台一般长度为5~6 m,宽为2~2.5 m;平台式校正仪长度一般为5.5~

6 m,宽度为 2~3 m。为了保证安全和操作空间足够,校正仪外围要留有 1.5~2 m 的操作空间。校正工位长度为 8~10 m,宽度为 5~6.5 m。

- 每个钣金车间必须至少配备一个车身校正工位。
- 如果可以实现,外板整形工位应当与其直接相对,以便在大型钣金作业之前和之后进行必要的标准钣金作业。
- 有充足的空间可用来妥善存放已拆卸的部件。
- 通过天窗、荧光灯、日光进行照明(强度至少为 800 Lux),推荐使用日光(应避免阳光穿过窗户直接照射进来)。

活动二　车身维修工具设备

知识目标	了解外板件手工修复的设备有哪些
	了解车身板件更换需要用到哪些设备
	了解车身校正需要用到哪些工具设备
技能目标	掌握车身维修工具设备的使用方法

为保证最高质量的维修,维修人员必须掌握车身维修工具设备的使用方法,如:利用锤子和顶铁等手工操作工具进行手工成形工艺;利用金属的热加工性质进行热加工,以及使用填充剂进行表面填充整形工艺;利用车身外板件整形修复机和车身维修机械设备等进行车身校正工艺。

一、钣金维修手工操作工具

利用手工操作工具维修板件是钣金维修工最基本的维修技能,钣金维修手工操作工具主要包含钣金锤、手顶铁、匙形铁、钣金锉和各种板件拆卸工具等,如图 2-5 所示。下面介绍常用的几种。

1. 钣金锤

钣金锤广泛用于汽车制造和汽车钣金维修作业,其样式和规格众多,每一种均有其特定的用途。常见的钣金锤有:收缩锤、精整钣金锤、圆头锤、斩口锤、橡胶锤、木手锤、车身结构件整形锤、钣金用大头锤、钣金用特大锤等。

图 2-5　车身维修手工操作工具

(1) 收缩锤

收缩锤(图2-6)主要用来维修被过度锤打而产生的延伸变形。收缩锤的一个锤面为平面；另一个锤面为锯齿面或交错缝槽面,敲到铁板上会留下细小的点痕,可以有效地控制整平过程中产生的金属延展。

图2-6 收缩锤

(2) 精整钣金锤

精整钣金锤主要用于板件的整形,对经过粗修整形后的板件进行进一步精修,使之更为平整。精整钣金锤有多种样式,如图2-7所示。各种不同的精整钣金锤均有不同的用途,直面精整钣金锤上面的斩口呈直面,用于板件的整平,斩口可进行翻边,如图2-7(a)所示。曲面精整钣金锤的功能与直面精整钣金锤基本相同,只是斩口部位呈弯曲状,对一些直面精整钣金锤不能敲击到的部位可以利用其弯曲部位进行操作,如图2-7(b)所示。鹤嘴精整钣金锤的头部为尖头状,主要用于精细修复外板件上的小凹起,也可以用来校正直角的车架元件、保险杠、保险杠托架等直条状结构件,如图2-7(c)所示。精整钣金锤的圆形锤面可以用在粗加工和校直工作中需大力度锤击修理区的场合下。

(a) 直面精整钣金锤　　(b) 曲面精整钣金锤　　(c) 鹤嘴精整钣金锤

图2-7 精整钣金锤

(3) 圆头锤

圆头锤(图2-8)有多种质量和尺寸规格,是冷加工时使用最广的一种锤子。它的一个锤面呈圆球状,通常用来敲击铆钉校正金属部件,有时候也可以作为延伸金属材料用；另一个锤面为圆柱平面,用于一般的钣金加工锤击。

图2-8 圆头锤

图2-9 斩口锤

（4）斩口锤

斩口锤主要用于敲击凹凸不平、薄而宽的金属工件，使之表面平整。其斩口还可以用于敲制翻边或使金属薄件做纵向或者横向延伸。斩口锤在汽车钣金作业中使用频率较高，如图 2-9 所示。

（5）橡胶锤

橡胶锤的锤头是用橡胶制成的，有着不同重量的锤头。在钣金作业中能够配合其他工具用于金属外板及车身结构件的整形。橡胶锤用于柔和地锤击薄钢板，这样不会损坏喷漆表面。它经常与吸杯配合用于大面积的凹陷修复：当用吸杯将凹陷拉上来时，用橡胶锤围绕着高起的点按圆周状轻打。橡胶锤如图 2-10 所示。

图 2-10 橡胶锤

图 2-11 木手锤

（6）木手锤

木手锤是采用轻质木制材料作为锤头而制成的钣金锤，用在外板件整形作业中，可以有效地抑制金属的延展，如图 2-11 所示。

2. 手顶铁

手顶铁也称衬铁、垫铁，由高强度钢制成。它用于顶在钣金锤敲击金属板的背面，配合钣金锤和垫铁一起作业使高起的部位下降，或使低凹部位上升；也可以从背面对钢板进行整形，常用于粗加工和锤击加工中。

手顶铁有高隆起、低隆起、凸缘等多种形状，每种形状用于特定的凹陷形式和车身板面外形，如图 2-12 所示。手顶铁与面板外形的配合非常重要，假如在高隆起的面板上使用平面或低隆起的手顶铁，结果将会增加凹陷。轨型垫铁也是一种常用的手顶铁，它也有许多形状，分别适用于不同条件和状况，如足尖式和足根式垫铁用于在狭窄部位进行敲击，而其平面直角边则用以校正凸缘。

图 2-12 手顶铁

3. 匙形铁

匙形铁是车身修理工具之一，也称为修平刀，如图 2-13 所示。它有多种形状和尺寸，可与不同的面板形状匹配。平直表面的匙形铁把敲打力分布在宽的接触面上,在皱折和隆起部位特别有用。当面板后面空间有限时,匙形铁可当作垫铁用。匙形铁与锤一起敲击作业,可降低隆起。内边匙形铁可撬起低凹处,或与锤一起敲击来拉起凹陷。冲击锉匙形铁则有锯齿状的表面,用来拍打隆起或里边的皱折,使金属板恢复到原来的形状。

图 2-13　匙形铁

4. 车身钣金锉

当车身金属件修复完成后,通常会存有微小的凹痕以及修复过程中工具留下来的痕迹,这些残留的痕迹不仅会影响车身表面的美观性,还会影响修理的质量。通过车身钣金锉可以修平这些痕迹,使得车身整体更加整洁光滑。

车身钣金锉可分为挠性把柄车身钣金锉、固定式车身钣金锉、弧形锉,如图 2-14 所示。

图 2-14　车身钣金锉

5. 摺边机

摺边机用于车身板件搭接接缝的摺边或车门等内外板的摺边成形,如图 2-15 所示。

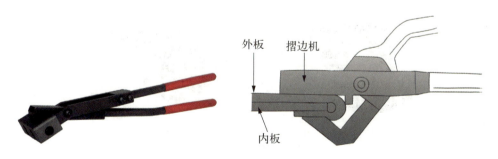

图 2-15　摺边机

6. 钣金剪

钣金剪可用于切断、修整和剪切出外形,或剪切塑料、白铁皮、铝和其他金属板(包括各种规格的轧制钢板),如图 2-16 所示。

图 2-16 钣金剪

图 2-17 单动作打磨机

二、气动工具

1. 单动作打磨机

单动作打磨机是通过旋转运动来研磨的,围绕打磨机头部的圆心旋转,转轴在圆心处,如图 2-17 所示。单动作打磨机没有吸尘的作用,目前在维修作业中运用比较少。单动作打磨机衬垫的中心和外侧的旋转速度不同,会产生研磨不均匀的情况,但是其切削能力比较强,使用时装上砂磨片可以快速打磨钢板表面的旧漆层,打磨速度快。

2. 双动作打磨机(偏心振动打磨机)

双动作打磨机通过比较复杂的两重旋转运动来研磨。相比于单动作打磨机,其切削能力较差,但是可以配合多种目数的砂纸进行打磨,如图 2-18 所示。双动作打磨机以偏离打磨头部的圆心作为中心转轴,旋转时则围绕这个偏心轴进行旋转。双动作打磨机具有吸尘的功能,可以配合移动式集尘器进行打磨粉尘的集中,也可以连接集尘袋做打磨粉尘的集中,使用较为广泛,现今大部分 4S 店和综合维修厂都采用这种打磨机。

图 2-18 双动作打磨机

3. 环带打磨机

环带打磨机是利用安装在主动轮与从动轮之间的环形砂带打磨工作面的,如图 2-19 所示。它可以根据使用场合、打磨对象的不同选用不同粒度的打磨带及调节不同的打磨速度,适用于金属表面的最后磨光、除锈以及除旧漆,也用于凹陷深处漆膜的打磨。

图 2-19　环带打磨机　　　　　图 2-20　低速气钻

4. 低速气钻

低速气钻是一种手持式气动工具,主要用于金属构件的钻孔工作,广泛用于汽车钣金维修行业,尤其适用于车身外板件和铝镁等轻合金构件上的钻孔工作,如图 2-20 所示。气动钻具有体积小、重量轻、噪声低、工作效率高、钻孔精度高等特点。气动钻可以自由调节转速,正反挡位设计使钻孔工作更加方便。

5. 焊点打磨机

焊点打磨机具有小直径打磨机的功能,如图 2-21 所示。主要用于对金属表面的打磨,如去除金属表面的伤痕、对焊点凹面进行打磨;更适合对小范围区域进行打磨,如对焊接后的焊疤打磨特别有效,能够快速将焊疤打磨平整。

图 2-21　焊点打磨机

6. 气动研磨机

气动研磨机(图 2-22)配合可旋转的带齿牙橡胶轮可以用于去除自干胶箔或其他具有黏性的物质、装饰条背面的黏性残留物及原厂车标(金属、铝合金、玻璃或是玻璃纤维)等;气动研磨机配合不锈钢刮丝带,对所有的合金,如铝合金、不锈钢、黄铜等,可以用于去除其表面的锈蚀。

图 2-22　气动研磨机

7. 气动切割锯

在汽车车身维修中，气动切割锯是常用的工具之一，主要用于金属（钢板、塑料件、铝板）结构件、外部面板的分离切割，如图 2-23 所示。在钣金维修作业中，常用的是往复式切割锯，如图 2-24 所示。

图 2-23 板件分离切割

在分离切割车身上不同厚度、不同材质的金属板件时，需要使用不同锯齿的锯片，如图 2-25 所示，一般分为：

① 32 齿锯片：适用于 1 mm 以下的铁板锯割。

② 24 齿锯片：适用于多层的、厚度在 4 mm 以下的铁板锯割。

③ 18 齿锯片：适用于曲线切割较软的材质，例如安装喇叭音响时使用。

④ 14 齿锯片：适用于锯切铝或塑料等较软的材料。

图 2-24 往复式气动切割锯

图 2-25 气动切割锯锯片

8. 气动錾子

气动錾子用于能快速进行粗切割的作业，可节省大量时间；还能破开咬死的减振器螺母，以及去除焊接溅出物和破碎焊点。气动錾子如图 2-26 所示。

图 2-26 气动錾子

图 2-27 气动焊点去除钻

9. 气动焊点去除钻

气动焊点去除钻可以进行车身电阻点焊焊点的去除分离作业，利用特殊的钻头可以将实施电阻点焊后的构件的上层板面钻穿，保证在分离板件的同时不损伤下层板件。如在车身后侧围板、车门立柱等部位的点焊熔核都可以使用气动焊点去除钻将焊点钻除分离，附在焊点去除机上的臂也可以避免不必要的费力,并减缓磨屑的刺入。气动焊点去除钻如图2-27所示。

10. 打孔器

打孔器分为手动打孔器与气动打孔器两种,用于车身板件塞焊时在新板件上打孔的操作,如图2-28所示。

图2-28　打孔器　　　　　图2-29　气动除锈机

11. 气动除锈机

气动除锈机用于清除金属板面的锈迹,如图2-29所示。

12. 气动锉

气动锉用于快速清理车身板件上尖锐的毛刺等,如图2-30所示。

图2-30　气动锉

三、车身外形修复机

车身外形修复机也称为介子机,属于电阻点焊的一种,是对汽车车辆外板件进行整形修复的必要设备。车身修复机常用的功能就是焊接垫片,配合游锤使用星形垫片进行连续快速拉拔、收缩作业等;同时,可以配合各种专用的工具,能够快捷完美地修复整形损坏部位。

钢材车身外形修复机如图2-31所示,主机前面配置有两条输出电缆线,一条为焊枪电缆,另一条为搭铁电缆,在工作时两条电缆形成一个回路。把搭铁电缆连接到工件上,焊枪电缆通过垫圈等介子把电流导通到面板的某一部分上,由于电流达到3 500 A左右,垫圈接触面板的部位产生巨大的电阻热,使温度能够熔化钢铁,熔化的垫圈焊接到面板上,就可进行外板整形修复了。

图2-31　钢材车身外形修复机

四、惰性气体保护焊机

现代车身中的纵梁、横梁、立柱等结构件都是应用高强度钢或超高强度钢制造的,气体保护焊在焊接整体式车身上的高强度钢板方面比其他常规焊接方法更适合。当今汽车上使用的新型高强度钢不能用氧乙炔焊或电弧焊进行焊接,而广泛应用气体保护焊。

气体保护焊

图 2-32 气体保护焊机

在国内汽车维修作业中使用的气体保护焊机都是半自动焊机,如图 2-32 所示。焊机的焊丝送给和保护气体的输送都是自动进行的,而沿焊缝的施焊则是手工操作的。在汽车后市场维修领域使用的气体保护焊机可以使用直径为 0.6～1.2 mm 的焊丝,对厚度为 0.8～4 mm 的低碳钢、低合金钢和不锈钢进行空间全位置的焊接,焊接采用拉丝式送丝,焊接电流可调节范围为 20～200 A,空载电压为 14～30 V。气体保护焊机主要由电源控制箱、焊枪、送丝系统及供气系统组成,如图 2-32 所示。

五、电阻点焊机

电阻点焊是汽车车身装配时主要的工艺手段。在车身底板、侧围、车架、车顶、车门及车身总成等部分的焊装中,均大量采用了电阻点焊的工艺。据统计,每一辆轿车车身上,有 4 000～6 000 个电阻点焊焊点。

电阻点焊机由变压器、控制面板和带有可更换电极臂的焊枪构成,如图 2-33 所示。

电阻点焊设备

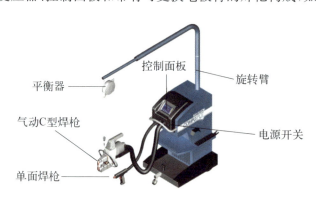

图 2-33 电阻点焊机

六、焊烟抽排设备

焊烟抽排设备用于收集净化焊接产生的烟尘,起到保护工作环境、保护工人身体健康的作用。常用的焊烟抽排有移动式和中央集尘两种形式，如图 2-34 所示。

(a) 移动式焊烟抽排　　　　　(b) 中央集尘焊烟抽排

图 2-34　焊烟抽排设备

七、车身校正设备

车身校正设备主要由测量系统和校正平台组成。

1. 测量系统

车身校正作业前、作业中、作业后都需要用到测量系统。作业前的测量是确认车身的损伤状态并把握其变形程度，为以后的维修提供依据。它不仅有助于对变形做出正确的技术诊断，同时也为合理地制定维修方案提供了依据。作业中的测量主要是对修复过程中的质量加以控制，无论是校正还是更换工作，都需要通过测量来保证相关尺寸精度和位置精准度。作业后的测量是为验收和质量评估提供有效的数据，确认简易车身修竣后的技术状况参数是否符合标准或达到预定的修理目标。

测量系统按照测量原理可以分为机械式测量、电子式测量和专用模具式测量等。

（1）机械式测量系统

机械式测量系统的测量是依据三维坐标法来实施的，它可以对车身上的各控制点同时进行测量，而且测量更容易、更精确。对车身变形的位置和程度，使用机械式测量系统可以直接测量确定。机械式测量系统在现代维修作业中被广泛使用，这种系统的测量精度可以达到 $\pm 1 \sim \pm 1.5 \text{ mm}$。常见的机械式测量系统有门式通用测量系统、数位显示伸缩量尺和轨道式底盘中心量规，如图 2-35～图 2-37 所示。

（2）电子式测量系统

电子式测量系统利用计算机和传感器来迅速、便捷地测量车身结构的损坏情况。在电子式车身测量系统中，计算机数据库储存了大量不同厂家、不同年代的原厂车身数据，在测量

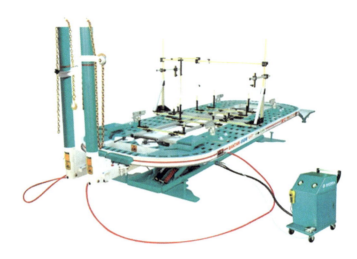

图 2-35 门式通用测量系统

图 2-36 数位显示伸缩量尺

图 2-37 轨道式底盘中心量规

时可以将实际的测量值与原车身的标准数据进行比较,以确定车身结构是否变形以及变形的具体数值,免去了人工查阅数据手册或测量值的步骤。图 2-38 所示为电子式测量系统。

图 2-38 电子式测量系统

(3) 专用模具式测量系统

专用模具式测量系统具备汽车制造厂生产线组装板件的功能。模具系统的参考点可以最直观地提供 X、Y、Z 三维尺寸,最大可能地消除人为因素错误。当车体需要更换板件时,模具会将新的板件精确地装设于正确的位置上,技师的双手解放出来后就可以自由地进行其他作业。图 2-39 所示为专用模具式测量系统。

图 2-39 专用模具式测量系统

2. 校正平台

校正平台用来固定车身,为维修作业提供一个基准平面,如图 2-40 所示。

图 2-40 车身校正平台

项目三 车身损伤诊断技巧

在现代汽车维修作业中,首先要掌握撞击效用理论,以了解车辆撞击时的形式,方便确定损伤范围;其次要了解整体式车身的损伤形式,因为车身损伤是修理的主要内容,只有了解了车身的损伤形式,才能制定有效的维修方案,快速地完成修理。

外板件诊断形式有:目测法、触摸检查法、测量法等;车身损伤判断的方法有:多角度观察法、段差及间隙检查法、尺寸测量法等。在损伤判断的同时,需要注意汽车前后车身的吸能区、局部弱化区等。

活动一　撞击效用理论

知识目标	了解车身上碰撞力的传递
	了解力的合成与分解
	了解撞击力与损伤程度的关系
技能目标	掌握撞击理论，能对撞击力传递进行分析

一、冲击波理论

1. 冲击波理论

现代汽车车身设计上多数采用刚柔结合的设计理念，利用吸收分解原理来缓冲撞击力，以保证乘客最大程度的安全。所以当车辆受到撞击后不仅是撞击部位的变形损坏，其整个车身的部件也可能产生变形。

基于上述情况，在车辆受损之后，需要观察车身受损状况，弄清楚碰撞时车身如何受力、力如何沿着车体传递等。只有对损伤部位和相关区域的部件进行深入分析，才能确定所有受损部位。

撞击后作用力对车身结构传递的过程称为冲击波。

2. 力学原理

力的合成与分解的原理，也可以表示为"合力与分力"，如图3-1所示。

3. 撞击类型

（1）对固定物的撞击

对如建筑物、墙壁、桥墩、电线杆、树等固定物的撞击，主要是受车辆的动能影响，转移到自身而造成损伤。损伤程度依据固定物的大小、形状、材质及本身车辆速度、撞击角度、受压部位强度、受压面积等因素综合考量。

项目三 车身损伤诊断技巧 53

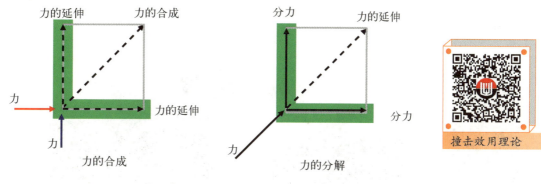

图 3-1 力的合成与分解

受压面积越大,单位面积的冲击力就越小,则出现损伤面积较宽而损伤较浅现象,如图 3-2 所示。

图 3-2 受压面积大　　　图 3-3 受压面积小

受压面积越小,单位面积的冲击力就越大,能量作用比较集中,则出现较深的损伤,如图 3-3 所示。

在相同冲击力时,因冲撞对象(受压面积)不同,损伤的大小也不同。

(2) 车辆正面相互的撞击

① 两车速度、质量相近,撞击后两车受损状态基本等同,如图 3-4 所示。

图 3-4 两车速度、质量相近

② 两车速度相近,但质量相差很大,那么质量大的车会推着质量小的车运动一段距离,所以质量大的车减速更慢,受到的冲击更小,如图3-5所示。

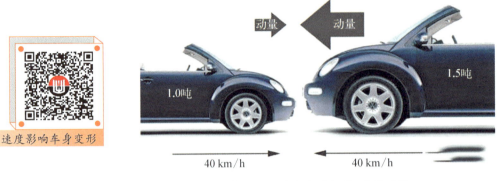

图3-5 两车速度相同、质量不同

③ 两车质量相近,但速度相差很大,那么速度快的车减速率更大,高速度带来的高冲击力由自身承担,不会影响速度慢的车承受的冲击力,如图3-6所示。

图3-6 两车质量相近,但速度相差很大

④ 两车质量和速度差异都很大,那么质量小的车承受的冲击力大,如图3-7所示。

图3-7 两车质量和速度差异都很大

（3）车辆后方的撞击

目前大部分车都是前置发动机,后部没有支撑驱动系统的支架,一般来说后部强度较前部低,故发生被追撞时受害车辆的受损程度会比追撞加害车辆更加严重。

① 撞击停止中的车,追撞车辆的动能完全作用在被追撞车辆上,如图3-8所示。

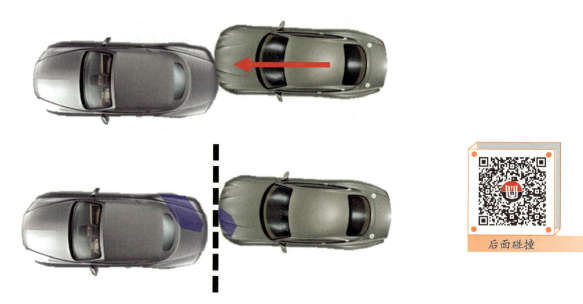

图3-8　撞击停止中的车

② 撞击行驶中的车,损伤状态依据双方速度差而异,前方被追撞车辆因保有动能,与追撞停止中车辆受损状态相比,损伤变形量相对较小,如图3-9所示。

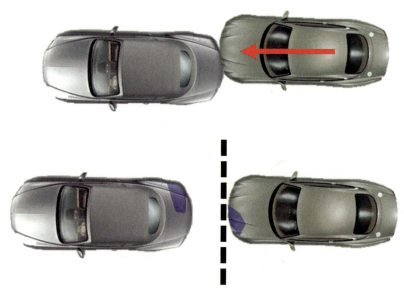

图3-9　撞击行驶中的车

（4）车辆侧面的撞击

① 车辆受横向中心撞击，导致车身弯曲变形（俗称香蕉型损伤）。

当 A 车对 B 车（停止车辆）撞击时，A 车的动能完全作用于 B 车上，如图 3-10 所示。

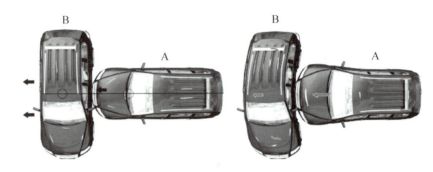

图 3-10　车辆受横向中心撞击

② 车辆受横向偏心撞击，导致车身偏摆变形，撞击瞬间因惯性力影响造成车身扭曲，如图 3-11 所示。

图 3-11　车辆受横向偏心撞击

二、冲击波效应

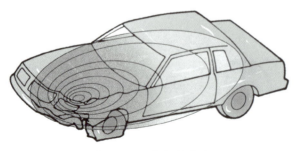

图 3-12　冲击波效应

冲击波效应的基本理论如同水流从高处向低处流，如果在水流的路径中有一个洞，则水会将此洞填满后才继续向前流。同样，如果水流路径中有小石头，则水遇到小石头会瞬间停止，然后绕着石头向前流。冲击波效应在车身上的状态如图 3-12 所示。

三、力的传递

力的传递与分解会依据车身结构、材料、撞击点、撞击次数而影响损伤变形状态,汽车前部撞击时力量传递路径如图3-13所示,汽车后部撞击时力量传递路径如图3-14所示,汽车侧面撞击时力量传递路径如图3-15所示。

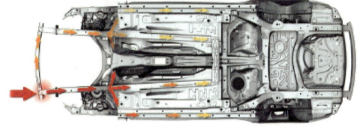

图3-13 前部撞击时力量传递路径

前部撞击时
力量传递路径

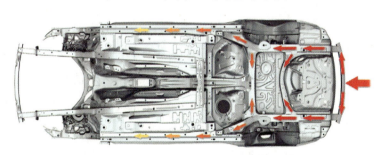

图3-14 后部撞击时力量传递路径

后部撞击时
力量传递路径

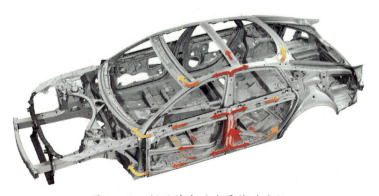

图3-15 侧面撞击时力量传递路径

侧面撞击时力量
传递路径

活动二　车身损伤形式

活动目标

知识目标	了解什么是直接损伤、什么是间接损伤
	了解外板件损伤形式有哪些
	了解结构件损伤有哪些
技能目标	掌握损伤形式的识别能力

知识准备

一、外板件损伤形式

金属板上的损坏一般分为两种,即直接损坏和间接损坏,如图3-16所示。

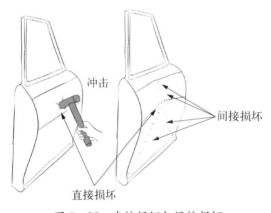

图3-16　直接损坏与间接损坏

碰撞产生的损坏,如断裂、擦伤或划痕就是直接损坏。在直接损坏周围区域的折损和挤压变形就是间接损坏。间接损坏变形有多种类型,根据板件的形状的复杂程度,形成的损坏变形可能是几种损伤的组合,而不是只有一种。

1. 直接损坏

直接损坏是指引起碰撞的物体与金属板上受到损坏的部位直接接触而造成的损坏,也就是碰撞点部位的损坏。直接损坏通常以断裂、擦伤或划痕的形式出现,用眼睛即可看到。在所有的损坏中,直接损坏通常只占10%～15%。但是,如果碰撞产生了一条很长的擦伤或折痕,它将在损坏中占80%。可以对严重的直接损坏进行修理,但现在的车身上使用的金属板件太薄,难以重新加工,校正修理需花费很多时间。对直接损坏部位的修复通常需要使用塑料填充剂(腻子),有时还需要使用铅性填充剂(为了让铅性填充剂与钢板结合得更好,需要在操作中使用酸腐蚀,酸腐蚀会使金属板产生损害,现在修理一般不推荐使用),在填充的过程中,间接损坏也得到了修理。

2. 间接损坏

碰撞一般都会同时产生直接损坏和间接损坏,间接损坏是由直接损坏引起的。在实际中间接损坏占所有类型损坏的绝大多数(80%～90%)。所有非直接的损坏都可认为是间接损坏。

各种构件所受到的间接损坏基本相同,它会产生同样的弯曲、压缩。而80%～90%的金属板都可采用同样的方法修理,通常采用一些基本的方法就能修理大多数车身板件,只是由于受损坏部位的尺寸、硬度和位置的不同,所用的修理工具有所不同。

3. 间接损坏的类型

间接损坏的类型有单纯铰折、凹陷铰折、凹陷卷曲、单纯卷曲四种。

(1) 单纯铰折

单纯铰折的弯曲过程像铰链一样,如图3-17所示,沿着一条线均匀地弯曲。产生这种变形时,金属上部受到拉力而产生拉伸变形,下部受到压力而产生压缩变形。

对实心的金属板而言,单纯铰折总是形成一条"直线"形的折损,而对箱形截面的弯曲就不同了。

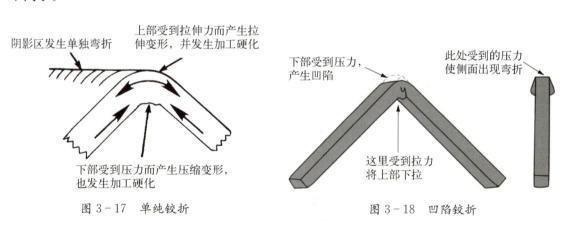

图3-17 单纯铰折　　　　图3-18 凹陷铰折

(2) 凹陷铰折

在箱形截面上发生弯曲的规律与实心的金属相同,但是两者弯曲的结果是不同的。箱形截面的中心线没有强度,所以顶部的金属板被向下拉而不是受到拉伸,或者说很少有拉伸。底部的金属板受到两边的压力,所以容易铰折。铰折中顶部金属受到的损伤比底部金属要小得多,折损处受到压力的一边产生严重收缩,这就是凹陷铰折,如图3-18所示。如果校正方法不正确,顶部也会铰折,而造成严重的全面收缩。箱形截面与实心金属板的铰折修理方法不同,如果进行了错误的校正,箱形截面的顶部和底部表面会同时出现凹陷。

当校正箱形截面时,铰折部位存在很大的加工硬化,不适当的校正会使顶部的表面发生进一步的凹陷。在修理中必须采用加热的方法并使用拉伸设备,以防止出现凹陷变形。校正时,如果直接把变形弯曲恢复原状,在原先凹陷铰折的部位两侧就会形成新的凹陷,导致长度缩短,如图 3-19(a)所示。如果这时再用拉伸的方式修理,凹陷部位的加工硬化程度更高、更硬,难以变形,可能造成的后果是需要拉伸的凹陷部位没有恢复变形,其他部位反而可能变形,导致修复失败,部件报废。正确的修理方式是对凹陷部位进行加热,消除加工硬化产生的应力,然后一边拉伸一边恢复弯曲,最终可以把凹陷铰折恢复原状,如图 3-19(b)所示。

凹陷铰折的修理

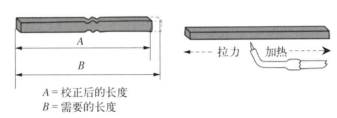

(a) 直接把弯曲变形作冷修复　　(b) 对弯曲变形进行加热修复

图 3-19　凹陷铰折的修理

在整体式车身上,有许多结构复杂的箱形截面构件,其中包括箱形结构梁、车门槛板、风窗支柱、中心支柱、车顶梁等。金属件上被弯成一个角度的部位,都可以认为存在箱形截面。汽车结构中有大量的隆起和凸缘,这些部位都产生了加工硬化,也都具有局部的箱形截面。整个翼子板可看成是具有局部箱形截面的构件,如图 3-20 所示。局部箱形截面也会发生凹陷,与完全箱形截面凹陷的结果相同,两者折损的名称也相同,都是凹陷铰折。不适当的校正都会造成构件整个尺寸的缩短。

局部箱形截面区

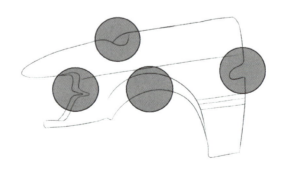

图 3-20　局部箱形截面区

(3) 凹陷卷曲

当铰折损伤穿过一块金属板时，它不仅使所有的箱形或局部箱形截面产生收缩，而且也使它穿过的任何隆起的表面收缩。发生这种情况时，便形成了新的损伤。这种损伤试图将金属板的内部向外翻卷，以增加其长度。"长度的增加"是这种损伤的特征。具有这种特征的损伤就称为凹陷卷曲。凹陷铰折和单纯铰折型损伤增加的是深度，而不是长度。发生在隆起表面上的任何损伤都会使金属收缩，凹陷卷曲损伤也不例外，其金属收缩量取决于碰撞的程度。

(4) 单纯卷曲

当发生凹陷卷曲时，在凹陷卷曲部位的旁边还有两处也同时发生损伤，这两处损伤就是单纯的卷曲损伤。这两处损伤都位于金属板的隆起部分，因而也是收缩型的损伤。卷曲型的损伤很容易识别，单纯的或凹陷的损伤是由于金属板隆起的部分引起的，因为它们只发生在隆起的表面上，并在隆起处形成一个箭头形状的弯折。图3-21所示的翼子板，初看似乎只有一个单纯的弯折垂直地穿过它。实际上，它有5处损伤，有4种损伤类型。如果金属是平坦的，它将会以铰折的形式发生弯曲，产生

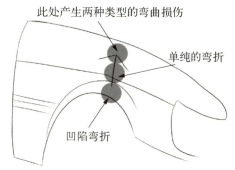

图3-21 凹陷的翼子板发生的各种损伤

的是单纯的铰折损伤。当金属板是隆起的，穿过它的损伤深入到金属的内部时，由于金属表面具有合拢作用和金属自身的收缩作用，将倾向于卷曲。

所有发生在隆起部分的凹陷卷曲损伤的方向都与隆起的方向相反，所产生的收缩也是这个方向。单纯的卷曲损伤和凹陷卷曲损伤，都使金属收缩，但两者的方向有所不同。

车身修理人员应该掌握间接损坏部位的4种损伤类型，要能够识别出与某处可能产生的与收缩有关的隆起，应该对各处的损伤一目了然，能够对所有损伤有一个修复的方案。

4. 车身板件损坏的拉伸区和压缩区

板件损伤后，一般用"压缩"和"拉伸"来形容金属受损以后的状况。这些状况也可用"高点"和"低点"来描述。在任何损坏发生以前，金属内部都已存在压缩和拉伸了，如所有隆起的部位都受到压缩。但这里的"压缩"并不是指发生损坏时产生的力，而是指金属被挤压的部位受到一个新产生的压力的作用。该压力通过加工硬化被保留下来。如果该压力突然消失，金属将返回到它原来的形状。通常各种金属板的隆起程度会有所不同，隆起很高的金属板被称为"高隆起"，而接近平坦的金属板被称为"低隆起"。当低隆起的金属板受损时，金属被拉入损坏的中心部位。这个拉力使金属板低于它原来的高度。低于正常高度的损坏区

称为拉伸区；相对应的，任何超出原高度的损坏区都称为压缩区。图 3-22 所示为一个受损部件截面图上的拉伸区和压缩区。

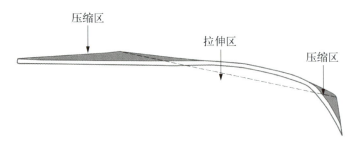

图 3-22 受损钢板截面上的拉伸区和压缩区

判断金属板件产生的变化并进行校正时，应考虑金属在受到损坏前未受压缩或拉伸时的状况。进行维修时，先要确定受损部位受到的是拉伸还是压缩，然后才可确定修理的方法和使用的工具。不能用锤子敲打拉伸区，也不能用垫铁敲打压缩区的内侧，要根据压力的方向来决定需要施加的力。同样，当损坏部位存在压缩区时，不能在此部位使用塑料填充剂。

5. 车身板件上隆起部位的变形

汽车外部面板上的隆起类型有单向隆起、复合隆起和双向隆起三种。不同类型的隆起部位在受到外力时变形是各不相同的。

（1）单向隆起部位的变形

图 3-23（a）所示为单向隆起的金属板。一个方向上（左或右）是平坦的，而在另一个方向上是隆起的（90°或交叉方向）。如图 3-23（b）所示向金属板隆起处施加一个压力时，在金属板的纵向（隆起的长度）方向受到拉伸，如图 3-23（c）所示；在金属板的横向（隆起的宽度）方向受到压缩，如图 3-23（d）所示。

对金属板上所有隆起处的损坏都应先进行校正，如图 3-24 所示的弯折就是压缩区和拉伸区的一个很好的例子：碰撞产生一条狭窄的拉伸带，在拉伸带的周围是隆起的压缩区。隆起的部位需用锉刀锉平，而凹陷处要用塑料填充剂垫平。

（2）复合隆起部位的变形

图 3-25 所示为复合隆起金属板上发生的压缩区的转移。板件的压力方向为从上到下，几乎是垂直向下的。但是，有 P 到 BC 和 P 到 BF 两处长度不同的凹陷卷曲。这是因为隆起处金属比平坦处的强度大，抵抗压力能力强。事实上，在受到损坏时，箭头 P 两边所受到的力相同，但是左侧金属损坏的面积较大。如果不熟练的修理人员在校正这种变形时，只是设法让金属向上移动，将会对金属板上较平坦的部位造成进一步的损坏。平坦的部位将会屈服于校正力而断裂，但受力最大的 P 到 BC 部位却未受影响。对这种情况进行校正的正

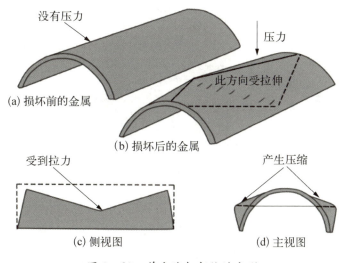

图 3-23 单向隆起部位的变形

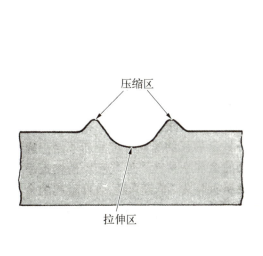

图 3-24 车门碰撞产生的压缩区与伸缩区

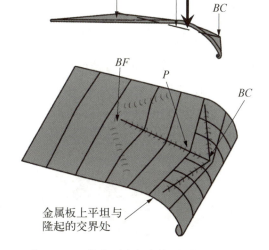

图 3-25 复合型损坏钢板上的加工硬化

确做法应该是展开 P 到 BC 的损伤处,因为这里是展开较平坦部位的"关键",而且此处受到的力最大。

如果一块隆起的金属板上有一个收缩区(由焊接、不正确地操作铁锤或垫铁、隆起处的损伤等引起),则收缩区将低于正常的高度。对于出现在隆起处的凹陷区,如果在它的附近没有伴随出现一个压缩区,便可以用拉伸的方法来校正收缩的凹陷区,如图 3-26 所示。通过升高受拉伸的凹陷区的方法进行校正时,只会降低邻近部位的高度。一块受到损坏的金属板上总会出现一些压缩区,除非它所受到的是来自下面的损坏。在后一种情况下,金属将受到向里面拉伸的力,出现与单向隆起相反的情况。

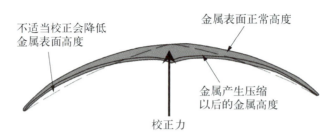

图3-26 收缩的钢板通过拉伸恢复形状

掌握这些知识将有助于车身修理人员选择正确的修理方法。例如,在一个凹陷的表面上焊接时,由于金属材料的收缩,会造成金属的下沉还是上升?答案是金属会上升,形成一个凸起。解决这个问题可采用铁锤在垫铁上敲击,使金属表面得以降低。不熟练的修理人员常常以为拉伸会使凹陷的金属表面升高。事实上,这种情况只会发生在隆起的金属板上。

(3)双向隆起部位的变形

一般金属板上的各种弯折都发生在一个方向上,而在另一个方向上保持平坦。大多数金属板上发生的弯折都与这种情形很接近。但是,也有一些金属板在两个方向上都有隆起,如图3-27所示,这类隆起就是双向隆起。

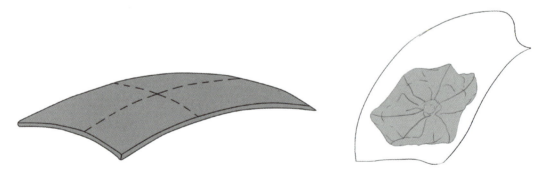

图3-27 双向隆起金属板　　图3-28 双向隆起金属板的凹陷卷曲损伤

在隆起的表面上发生的弯曲损伤会扩散到离它最近的平坦区。在有双向隆起表面的金属板上,卷曲损伤通常会从受碰撞处向各个方向传播,就像车轮上的辐条一样,而轮毂则相当于是最初的碰撞点。图3-28所示就是这种类型的金属板所受到的损坏。

二、结构件损伤形式

发生严重碰撞事故时,在冲击力波及车身部件的过程中,冲击力容易通过强的部分,而在其弱的部分施予损伤,同时波及深部,最终减弱而消失。

将力量传递过程产生损伤的原因进行分类,损伤状态可以分为以下几种类型。

1. 直接损伤

直接损伤指与其他物体发生冲撞或接触时,受到直接外力的部位(受力部位)所产生的损伤,其损伤状态有擦伤、刮痕、压破、溃坏,如图 3-29 所示。

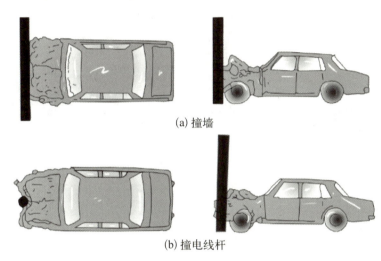

(a) 撞墙

(b) 撞电线杆

图 3-29 直接损伤

2. 波及损伤

波及损伤指外力经由零件进行能量的传递,在强度和刚度较弱部件上所产生的损伤,其损伤状态有变形、弯曲、扭曲、挫曲、膨胀。

3. 诱发性损伤

诱发性损伤指由于一部分材料受到直接损伤,而使其他部件拉伸或挤压发生诱发性损伤状态,其损伤状态有变形、弯曲、折断、扭曲、挫曲,如图 3-30 所示。

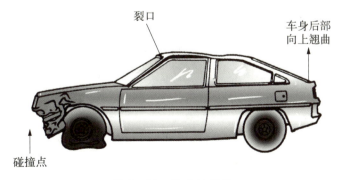

图 3-30 诱发性损伤

4. 惯性损伤

① 汽车车身是由很多板件通过焊接或其他多种方式连接形成的整体。当撞击力达到一定程度时,即使在没有相关构件传递撞击力、冲击波的影响下,车身的某一些部位也有可能产生变形。这种现象较多出现在重心较高的面包车、大客车等车型发生撞击时。

② 车辆发生撞击时,除了车内乘员和装载物之外,浮动(固定)在车体上的发动机及其他零件也会产生惯性力,并冲撞车体而产生损伤。车辆最初与物体撞击发生的损伤称为一次损伤,由于惯性力而产生的撞击损伤称为二次损伤,如图 3-31 所示。

图 3-31 惯性损伤

活动三 损伤诊断技巧

知识目标	了解外板损伤诊断方法
	了解结构件损伤诊断方法
技能目标	掌握车身损伤诊断技巧

一、外板件损伤诊断技巧

对于车身轻度损伤,如图 3-32 所示,诊断的方法有多种,有目视法、手掌触摸法、测量法、抛磨或涂布法、样规测量法等。一般小的损伤用比较简单的方法就可以判断出来;而对于比较严重的车身损伤,必须采用专业的工具及设备进行测量才能做出准确的判断。

1. 目测法——用于初步检查

目测是判断车身损伤较为常用的一种方法,它对损伤的判断比较直观,但有时对弹性变形的判断容易产生误差,往往会将弹性变形误认为是塑性变形。

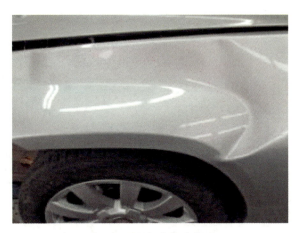

图 3-32 车身轻度损伤

目测法利用漆面上折射的光线来判断车身损伤范围和变形的程度,如图 3-33 所示。一旦实施维修之后,很难判断正确的损伤区域,若没有维修到真正的损伤区域,将造成喷涂面不平整的问题。

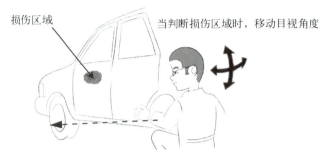

图 3-33 目测法

2. 手掌触摸法——用于粗略检查

手是人体比较灵敏的感觉器官,可以凭感觉来判断车身的损伤程度。触摸法是指用手以米字形方向触摸损伤区域,通过触摸面板的感觉判断、监测车身面板的弧形和平整度,如图 3-34 所示。注意不要施加任何力量于你的手掌上,并且要专心注意手掌心的感觉,为了正确判断小的凹陷,你的手掌必须覆盖大的面积。

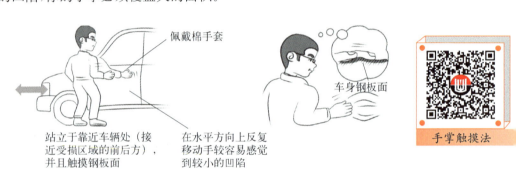

图 3-34 手掌触摸法

3. 测量法——用于精度检查

对车身损伤的检查应该做到仔细、全面。特别是损伤较为严重时更应该仔细检查,这样才能给出正确的维修方案。对车身的测量是进行损伤诊断的有效方法,通过测量可以有效地对损伤做出全面的、正确的判断。

测量法是指先将钢直尺置于未受损的钢板面,检测直尺与钢板面的间隙,再将直尺置于受损的区域,以判断受损与未受损区域间隙间的差异。相对于其他方法而言,该方法更能定量地判断损伤区域的损伤程度,如图 3-35 所示。

4. 抛磨或涂布法——用于精度检查

抛磨或涂布法利用凸处会接触、凹处接触不到的原理,在钢板变形的地方,施以抛磨或涂布的方法,检查损伤范围。抛磨或涂布法使用的工具一般是车身钣金锉或者手磨块,如图 3-36 所示。

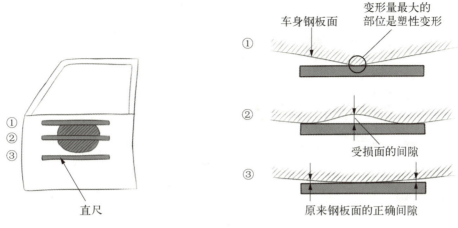

图 3-35 测量法

(a) 车身钣金锉　　　　　　(b) 手磨块

图 3-36 抛磨或涂布法使用的工具

5. 样规测量法——用于精度检查

对于一些外形比较复杂的板件,通过直尺很难检测其损伤的平整度,这时我们就可以利用专用的弧度规等工具检测板件损伤程度,如图 3-37 所示。

图 3-37 样规测量法使用的工具

二、结构件损伤诊断技巧

1. 多角度观察法

① 多方向平面性观察：即从正前方、斜前方等多个位置来观察损伤范围,利用"八方向检查法"进行全车检查,如图 3-38 所示。

② 大格局立体性观察：稍微远离车辆，对受损部位进行全车立体性观察，分析撞击力大小、方向、顺序、次数。

③ 细部观察：以目视及触摸来确认损伤处状况。

④ 延伸观察：由车身损伤部位向内、向上下、向左右延伸观察。

图 3-38　八方向检查法

2. 段差、间隙检查法

① 车身外观板件，如发动机舱盖、车门、前后翼子板等都是使用螺纹连接或焊接在车体上面的，检查外观部件是否有位移，如图 3-39 所示。

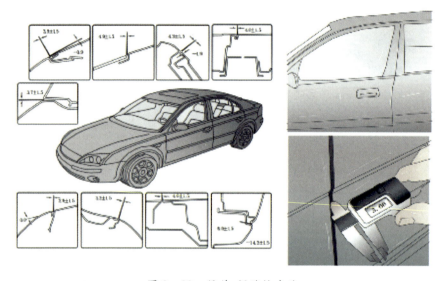

图 3-39　段差、间隙检查法

② 各车柱与翼子板的结合状态，可由开关车门及发动机舱盖作用情况来确认锁扣及铰链是否有卡紧现象。

③ 车辆底盘零件是否有错位、挤压、变形等状况。

④ 用手触摸各板件之间是否有段差及是否处在冲击波传达的范围内。

3. 尺寸测量法

车架外观或底盘如有任何不正常，则必须使用测量工具来测量车身结构各部位尺寸，以数据形式来判断损伤程度。

① 使用伸缩量尺：上部位（发动机室、乘客室、行李箱）尺寸数据如图 3-40 所示。

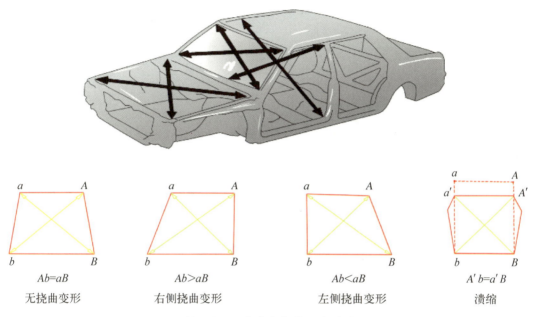

图 3-40 车身上部位尺寸测量

② 使用中心量规：底盘部位尺寸数据如图 3-41 所示。

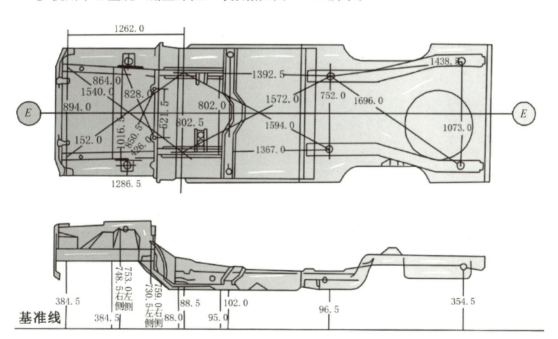

图 3-41 底盘部位尺寸测量

尽可能都以测量数据作为判断及结论依据。

项目四 外板件损伤修复

现如今,我国私家车的保有量越来越多,而在汽车的使用过程中,汽车难免会受到一些损伤,且这些损伤70%以上都是车身外板件的损伤变形。因此,掌握外板件损伤修复的方法对车身维修人员来说非常重要。

本项目介绍了外板件维修作业流程,以及维修过程中高点的消除方法等。

活动一　外板件损伤修复作业流程

知识目标	了解车身钢板维修方式
	了解车身钢板维修作业流程
技能目标	掌握整平作业要领

一、汽车车身钢板维修方式

车辆发生碰撞后产生损伤与变形，需要及时进行修复。对于外表面的损伤，若使用不恰当的修复工艺，会严重影响修复质量。如车辆车身外板件在修复后，使用过程中出现的渗水、油漆剥落、快速老化、漏风、进灰尘、异响等故障，多数情况是因为使用了不规范的修复工艺。

常用的板件修复工艺主要有：利用锤子和顶铁等手工操作工具进行的手工成形工艺；利用金属的热加工性质进行的热加工以及使用填充剂进行的表面填充整形工艺；利用车身外形修复机以及车身维修机械设备等进行的车身校正工艺；修复车身板件凹陷的补锡工艺。

常见的汽车车身外板件修复工艺分析如表 4-1 所示。

表 4-1　汽车车身外板件修复工艺

维修作业	手工操作工具作业	缩火作业	外形修复机作业	补锡作业
适用范围	主要适用于在内侧可触及、容易整形的车身部位	在整形修复作业中，车身钢板出现延展的、刚性降低的部位	手工锤击较难完成的车身部位或者封闭的车身外部结构	① 小变形的下护板 ② 钢钣较厚，不易以熔植点焊机整平且内部为封闭结构，无法以手工操作工具整平的部位 ③ 车体容易腐蚀的部分 ④ 接合后不平整部位
应用区域	前部翼子板、后部翼子板的后部、后部围板、车顶、被拆卸了的车门、发动机舱盖、行李箱盖等车身部位	被敲击过度的车身部件出现延展、刚性降低的位置	后部轮楣、装饰，未经拆除的车门、A柱、B柱、C柱、车门槛、车顶的边框	

1. 车身钢板维修步骤

一般的钢板维修程序如图4-1所示。

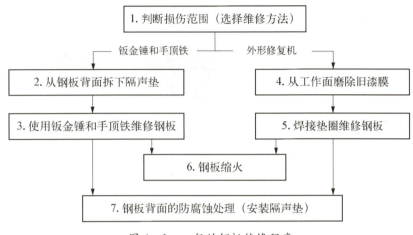

图4-1 一般的钢板维修程序

2. 判断损伤范围

在开始维修前,需判断损伤范围进而决定维修方法(车身损伤诊断的方法前面已经详细描述了,在此不重复)。

3. 使用钣金锤和手顶铁维修钢板

(1) 从钢板背面拆下隔声垫

拆卸方法类似拆卸座垫的隔声垫,使用手顶铁或匙形铁能够直接抵住钢板背面。

(2) 选择钣金锤和手顶铁

依受损钢板的形状选择合适的钣金锤和手顶铁。

(3) 使用钣金锤和手顶铁维修钢板的基本准则

① 在钣金锤和手顶铁的维护敲击作业中,钣金锤和手顶铁直接影响钢板,所以钣金锤和手顶铁表面必须保持圆滑和平顺。若钣金锤表面有刮痕、凹陷或变形,则敲击时将造成钢板划痕。图4-2所示为在实敲下,钣金锤影响最后的敲击效果。

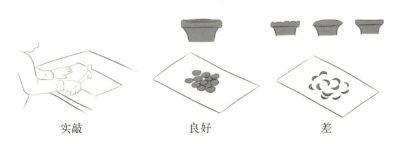

钣金锤的敲击方向

图4-2 在实敲下,钣金锤影响最后的敲击效果

为此，如果钣金锤表面有刮痕、凹陷或变形，就必须要经过研磨才能投入使用。改造钣金锤有下列几个步骤，如图4-3所示。

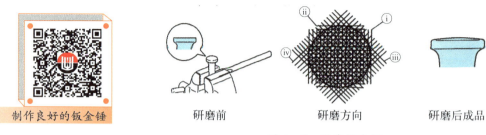

图4-3 研磨钣金锤

首先将手锤固定于台虎钳上。

接着使用锉刀研磨锤子面边缘的锐角。

然后使用120号砂纸磨除锉刀痕。

最后配合以下的砂纸号数，使用双动作打磨机将锤子面研磨平顺。砂纸号数：♯120—♯180—♯320—♯1 000。

此外，手顶铁必须修整成如图4-4所示的形式。

图4-4 制作良好的手顶铁

② 手顶铁的握持如图4-5所示。

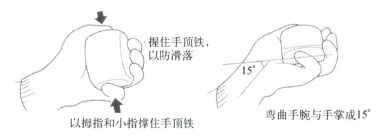

图4-5 手顶铁的握持

③ 使用钣金锤敲击修复钢板表面时，敲击的角度必须与板面形成90°夹角，敲击点必须在钣金锤锤面的中央，如图4-6所示；敲击方向以上下垂直的方向进行，如图4-7所示。

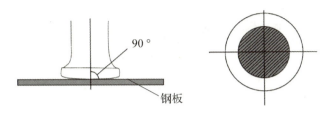

图 4-6 敲击角度与敲击点

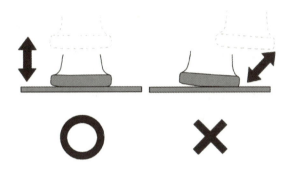

图 4-7 敲击方向

(4) 使用虚敲手法维修钢板

如图 4-8 所示为使用虚敲手法维修大面积的凹陷。

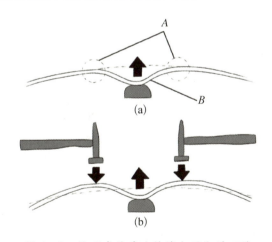

图 4-8 使用虚敲手法维修大面积的凹陷

如图 4-8(a)所示,在钢板外侧并无较高的部位,若以手顶铁压出钢板,则 A 部位会出现凸点,所以在维修时使用手顶铁将 B 部位压出,使用手锤敲 A 部位。

如图 4-8(b)所示,A 区域敲下时,则 B 区域(使用手顶铁压着)将渐渐修整平顺。B 区域是由于其向后倾斜造成了周围塑性变形。

如图 4-9 所示为使用虚敲手法维修大面积的凹凸。

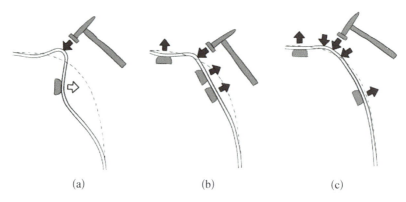

(a)　　　　　　　　(b)　　　　　　　　(c)

图 4-9　使用虚敲手法维修大面积的凹凸

图 4-9(a)为如何修正钢板最凸出的变形量。此部位为塑性变形区域,也是抑制弹性变形的区域。所以必须先释放塑性变形的变形量,钢板才会用本身的弹性回弹至原来形状。虚敲手法能够有效释放塑性变形的变形量。

图 4-9(b)为如何平整钢板上的凸点。当钢板渐渐地维修成原来的形状时,钢板的外侧仍会残留一些凸点,所以必须使用手顶铁顶住并压出凹陷部位,再用锤子敲下凸点。

图 4-9(c)为如何使用锤子和手顶铁将钢板修复至原来形状。此时,钢板的形状已经成形,必须再检查钢板上的凸点和凹点。然而,钢板面多多少少会残留一些小的凹陷,这是因为尚未实施实敲手法。

(5) 使用实敲手法维修钢板小凹凸

① 钢板面产生小的凹陷时,使用手顶铁向外压出(与虚敲的手法相同),并从外侧使用锤子敲击钢板凹陷的部位,若不实施压出作业,则锤子敲打钢板的部位会出现圆形的凹陷,如图 4-10 所示。

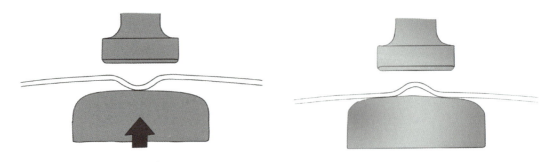

图 4-10　使用实敲手法维修小凹陷　　　　图 4-11　使用实敲手法维修小凸点

② 钢板面产生小的凸点时,此时手顶铁不需要用力将钢板压出,只需轻轻地靠着钢板内侧,然后用钣金锤将凸点敲下,如图 4-11 所示。

4. 使用车身外板件整形修复机维修钢板

(1) 从工作面磨除旧漆膜

为了焊接垫圈与固定搭铁线,必须磨除工作面的旧漆膜,第一步先安装60号砂纸于单动作打磨机上,调整适合操作的打磨机转速,倾斜打磨机以去除旧漆膜,如图4-12所示。

(2) 调节焊接时间和电流

选择垫圈电极头安装在焊枪上,再根据损伤板面的厚度、凹陷形状、位置及选择的电极头来调节焊接的工作模式、焊接时间、焊接电流(功率)。

为了获得良好的垫圈焊接,在进行作业之前必须先调整电流通过的时间间隔。如图4-13所示为焊接状况和两个主要因素(电流、时间间隔)的关系。

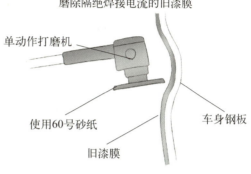

图4-12 研磨旧漆膜

通过图4-13可知,在设置调节焊接的电流与时间间隔后,焊接垫圈会出现三种状况:焊接的电流与时间间隔的设置在建议范围内,焊接状况良好,当拉拔垫圈时不会掉落;焊接电流过小或者焊接时间间隔过短时,焊接状况较差(焊接不良),当拉拔垫圈时很容易掉落;焊接电流过大或者焊接时间间隔过长时,会出现过度焊接,拆下垫圈时钢板会出现受损的情况。三种状况如图4-14所示。

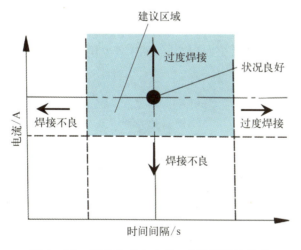

图4-13 焊接状况与电流、时间间隔的关系

安装垫圈电极头

(3) 焊接垫圈

焊接垫圈时,轻轻地压住垫圈,钢板不易产生变形,并且沿着一条直线焊接垫圈,还需要保证每两个垫圈之间的间距在10 mm左右,如图4-15所示。

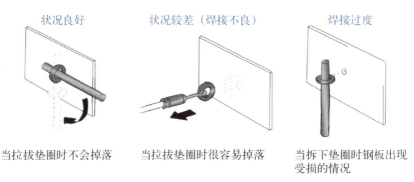

图 4-14 电流及时间间隔设置对应的焊接效果

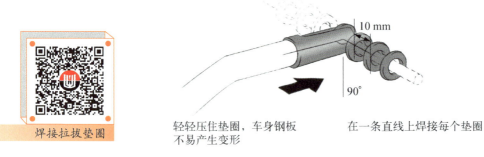

图 4-15 焊接垫圈

(4) 拉拔作业方式

① 使用手拉拔器进行拉拔,用于修复小面积凹陷,如图 4-16 所示。

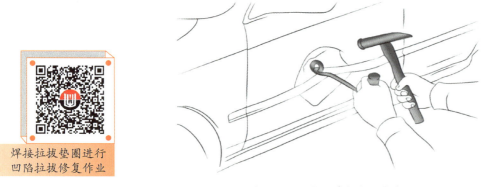

图 4-16 使用手拉拔器拉拔

② 使用滑动锤进行拉拔,用于粗拉拔和在钢板强度高的部位修理,如图 4-17 所示。

③ 使用拉塔进行拉拔作业,用于粗拉拔和在钢板强度高的部位修理,如图 4-18 所示。

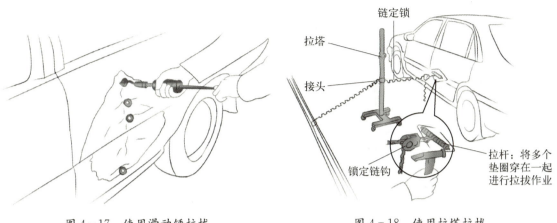

图 4-17 使用滑动锤拉拔　　　　　图 4-18 使用拉塔拉拔

(5) 拉拔作业技巧

估算钢板面原来位置,通过移动接头来调整角度,以 90°的角度从钢板面拉出垫圈。从原来的钢板面轻轻地向外拉出 2~3 mm,如图 4-19 所示。

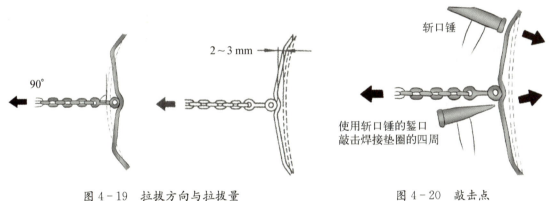

图 4-19 拉拔方向与拉拔量　　　　　图 4-20 敲击点

(6) 敲击点

当拉紧链条时,使用斩口锤轻轻地敲下凸出部位,如图 4-20 所示。敲击后,确认拉拔量并视需要再次拉拔。

(7) 拆卸垫圈

使用一把鲤鱼钳或拉杆从钢板上拆下垫圈,如图 4-21 所示。

(8) 研磨

在拆下垫圈后,使用单动作打磨机研磨钢板表面以去除易使钢板生锈的焊接痕迹,如图 4-22 所示。

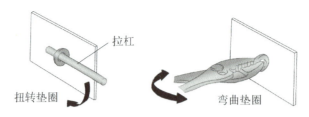

图 4-21 拆卸垫圈

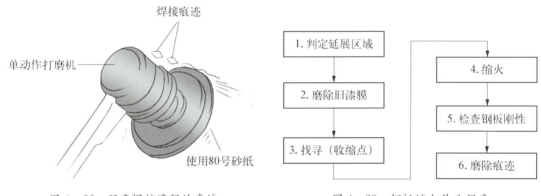

图 4-22 研磨焊接遗留的痕迹　　　　图 4-23 钢板缩火作业程序

5. 钢板缩火作业

钢板缩火就是将钢板延展的部位先加热后冷却,使金属产生收缩的现象。图4-23所示为缩火作业的六个程序。

（1）判定钢板延展区域

通常钢板延展都会引起局部的凸起,而凸起的面积就等于钢板延展的面积。图4-24所示为两种确认延展区域的方法。

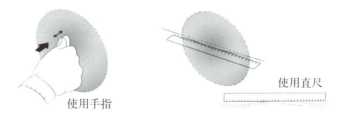

图 4-24 判断延展区域

（2）磨除旧漆膜

使用单动作打磨机磨除延展区域的旧漆膜。

（3）找寻(收缩点)

按照步骤(1)判定缩火区域,找寻延展区域的凸点。

(4) 缩火

① 检查电极头：如果电极头脏污或受损，将不能完全使钢板加热和平顺地移动电极头，所以当发现电极头有脏污或凹痕时，必须用砂纸清洁电极头，如图 4-25 所示。

图 4-25　检查及研磨电极头

② 使用铜电极头缩火：

第一步：定位。将铜电极头对准最高点并轻轻地压下，使钢板轻微变形，如图 4-26 所示。

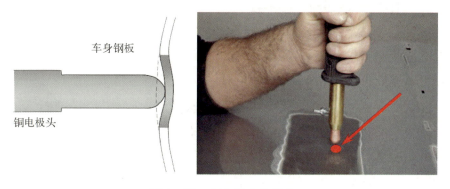

图 4-26　铜电极头的定位

第二步：保持。按下开关后，钢板将会产生一些反作用力，将铜电极头以一定的力量靠住钢板面 1～2 s，如图 4-27 所示。

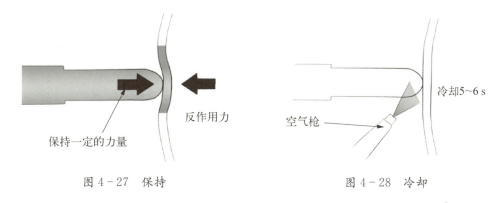

图 4-27　保持　　　　　　　　图 4-28　冷却

第三步：冷却。用潮湿的海绵冷却加热的金属或者使用空气枪迅速地冷却缩火区域。冷却的时间保持5～6 s,如图4-28所示。

③ 使用碳棒进行连续缩火：

第一步：加热碳棒以产生热能。倾斜碳棒,并轻轻地接触钢板面,按下焊枪的开关,碳棒将逐渐红热,如图4-29所示。

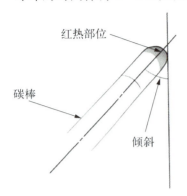

图4-29　加热碳棒以产生热能

第二步：在钢板上以螺旋方向运行碳棒进行缩火作业。以直径20 mm(0.79 in)的间距,将碳棒由外侧往内侧以螺旋方向运行,并且逐渐加快运行速度,如图4-30所示。特别注意,进行缩火作业时不要按压碳棒,有破损钢板的危险；且碳棒进行缩火作业后会变得很烫,请勿用手触摸,有烫伤的危险！

第三步：冷却。用潮湿的海绵冷却加热的金属或者使用空气枪迅速地冷却缩火区域。冷却的时间保持5～6 s,如图4-31所示。

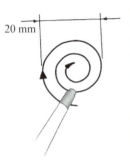  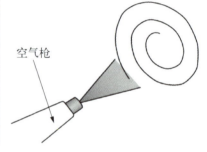

图4-30　以螺旋方向运行碳棒　　　　　　图4-31　冷却

(5) 检查钢板刚性

在钢板冷却完毕后,必须检查钢板的刚性,假如钢板仍旧缺乏刚性,则找寻另一凸出的点并且重复实施缩火作业,如图4-32所示。

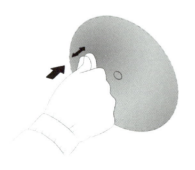 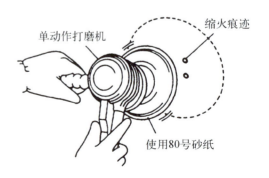

图4-32　检查钢板刚性　　　　　　图4-33　磨除缩火痕迹

（6）磨除缩火痕迹

实施缩火作业后，使用单动作打磨机配合 80 号砂纸研磨表面，以去除易使钢板生锈的缩火痕迹，如图 4-33 所示。

6. 钢板背面的防锈处理

由于在实施垫圈焊接作业或钢板缩火作业时会产生热量，从而影响钢板背面的漆层，导致其易生锈，所以必须在钢板背面喷涂防锈剂，如图 4-34 所示。

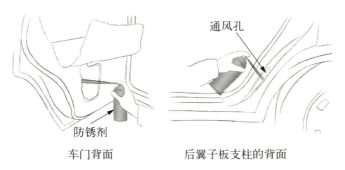

图 4-34　钢板防锈处理

此外，使用锤子和手顶铁实施维修时，可能会使钢板背面漆层龟裂或脱落，所以也必须在钢板背面实施防锈处理。

防锈处理时，请按照防锈剂产品标记上的指示进行喷涂防锈处理。

二、整平作业要领

① 先详细观察损伤板面，正确分析板面变形的情形。

② 观察变形板材内应力的相互影响程度。

③ 判断应力集中区（塑性变形区）的作业困难度。

④ 若板件外框有变形，应先将外框恢复原状。

⑤ 板面棱角加强筋若有变形，应先将棱角部位恢复原状。

⑥ 切记整平作业先"整形"后"整平"，应先将大变形整修为小变形，最后再整平。

⑦ 尽可能以分散应力集中同时平衡板面凹凸高度差的方式整形，避免钢板过度延展，造成板面崩弹。

⑧ 若板面发生崩弹现象或已过度延展，应审慎决定欲收缩位置。

活动二　外板件整平作业技巧

知识目标	了解不平整现象出现的原因
	掌握不平整现象的整平技巧
技能目标	掌握多种钢板缩火作业方法

一、板面不平整现象

板面不平整的产生原因一般是板面因事故或维修过程所产生的塑性变形，分为以下几种：

① 单凸：整形修复机作业造成的小凸点。

② 鼓包：小区域面积延展。

③ 过度延展（崩弹）：大面积的延展，使板件无法定型。

车身板件延展（崩弹）现象

板面直接凹陷，轻敲凹陷周围即自行凸起，或轻压板面可听到反折的崩弹声，即为崩弹现象，主要由板面应力分布不均导致，如图 4-35 所示。

钢板产生延展即崩弹的原因主要有两个：

第一种原因是钢板受到撞击后变形而产生延展；

另外一种原因是在维修时，过度使用实敲而使钢板产生延展。钢板上强度最弱的部位最容易延展，这是因为两边的钢板冲压线间距较宽，或

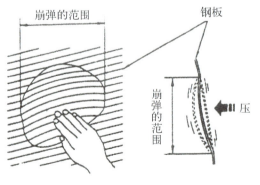

图 4-35　崩弹现象

钢板斜度较小。车身板件出现的延展主要分为轻微延展、中度延展、严重延展。

① 轻微延展：板面变软、稍凸（或凹）。

② 中度延展：凸起或凹陷须经敲击或推压才能弹回。

③ 严重延展：板面变硬、凸起或凹陷，即使敲击或推压亦不再弹回。

二、钢板的缩火

如前文所述，所谓钢板缩火就是指将钢板加热后急速冷却，从而使延展的钢板收缩的现象。若钢板仍处于延展的状态下，即便使用锤子与手顶铁将其敲击成平滑的平面，钢板也依旧无法提供足够的刚性，甚至用手指头压下钢板即产生凹陷。

钢板缩火的原理

如图 4-36 所示，一根两端能自由膨胀与收缩的钢棒在加热后会产生膨胀，且冷却后会收缩回复至原始的尺寸。如果将同样的钢棒两端固定或限制住后，再对其进行加热然后冷却，则钢棒的长度会缩短。以下为钢棒收缩的过程。

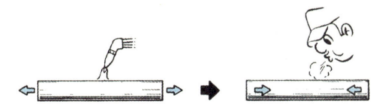

图 4-36 钢板收缩过程

① 当加热钢棒时，因为钢棒的两端被限制住而阻止其向外膨胀，因此钢棒的内部会产生强大的压缩应力。

② 当钢棒的温度逐渐上升至钢棒产生红热和软化时，压缩应力会集中于红热部位，当红热部位膨胀时，压缩应力就会被释放，如图 4-37 所示。

③ 若于此时迅速地将钢棒冷却，钢棒就会收缩且其长度会因为红热部位的膨胀而变短，如图 4-38 所示。

钢板的缩火原理与上述钢棒的缩火原理相同。

① 将钢板的单一部位急速加热，如图 4-39 所示。

② 随着温度的上升，钢板的加热部位会朝着加热区域的边缘向外膨胀，但其周围为未加热的冷、硬钢板，所以会限制钢板的膨胀，因此产生强大的压缩应力。若继续加热，则膨胀会集中于松软的红热部位，从而将金属压出而产生变厚的现象，因此消除了压缩应力，如图 4-40 所示。

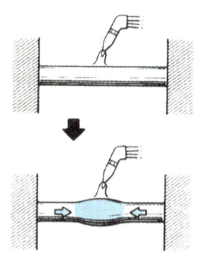

图 4-37 压缩应力的产生与释放

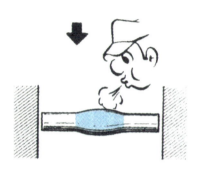

图 4-38 冷却收缩

钢板缩火作业的实施原则

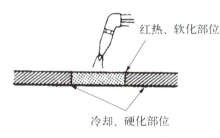

图 4-39 加热钢板某单一部位

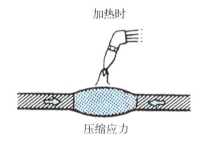

图 4-40 加热钢板产生压缩应力

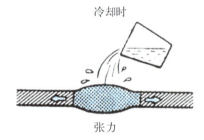

图 4-41 急速冷却产生张力

③ 若于此状态下将红热部位急速冷却,钢板冷却时由于收缩而产生张力,如图 4-41 所示。

三、钢板缩火作业

钢板缩火作业是指将因外部作用力冲击(损伤)等导致的车身外板延展状态修复到原有状态(平衡)的作业。

1. 钢板缩火作业的种类

钢板缩火作业方式一般有以下四种。

① 通过钣金锤与手顶铁配合进行钢板缩火作业。

② 通过氧乙炔焊接进行钢板缩火作业。

③ 通过电流进行钢板缩火作业。

④ 通过丙烷气燃烧嘴进行钢板缩火作业。

2. 变形与延展的判别

（1）想象修理前的变形形状

塑性变形部位经常伴有延展现象，修理后的延展现象也会有残留，此为找寻延展部位的重要参考。

（2）用手掌的感觉寻找凸起部位

此方法与寻找车身外板有无凹凸相同。首先，将手掌轻轻放在正常的车身外板面上，然后手掌通过修理后的表面，直到摸至未变形的部位，用触觉感知车身外板有无隆起或者凹陷。

（3）按压寻找

按压下陷（变形）最深的部位。修理后用手指按压修理面的几个点，其中变形最大的部位就是延展的中心。

3. 通过钣金锤与手顶铁配合进行钢板缩火作业

用钣金锤与手顶铁配合进行钢板缩火作业时，应该使用钣金锤不在手顶铁上的敲击法，敲击时钣金锤要快速轻敲，沿着隆起表面的最低位置开始敲击，逐步朝着隆起的最高位置进行，要保证每次敲击的都是隆起的最低位置。

4. 通过氧乙炔焊接进行钢板缩火作业

使用氧乙炔焊接进行钢板缩火作业时，需要木锤和手顶铁的配合使用。

（1）木锤的作用

趁热使用木锤敲击膨胀、软化的板件，板件的组织结构因被压缩而产生收缩，在此状态下急速冷却，可以起到增大收缩量的效果，如图4-42所示。

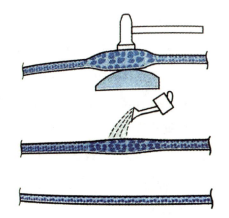

图4-42 木锤锤击

（2）氧乙炔焊接火焰的调整和加热法

① 火焰的调整。

- 中性焰。当氧气和乙炔混合比为1∶1时，称为中性焰，即标准火焰，如图4-43所示。
- 碳化焰。当氧气和乙炔混合比例为1∶1.4时，称为碳化焰，又称为剩余焰和收缩焰，如图4-44所示。
- 氧化焰。混合气中氧气略多于乙炔时，燃烧生成的火焰为氧化焰，氧化焰只有焰心和外焰，无内焰，燃烧时发出急剧的"嗖嗖"声，如图4-45所示。

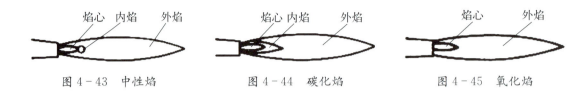

图 4-43 中性焰　　　图 4-44 碳化焰　　　图 4-45 氧化焰

② 火焰校正加热温度的识别。

可近似地凭观察钢板的加热颜色估计加热温度,如表 4-2 所示为钢材表面颜色及其对应的温度。

表 4-2　钢材表面颜色及其对应的温度

颜　色	温度/℃	颜　色	温度/℃
薄褐色	500	橘黄色	900
赤褐色	600	淡橘色	950
暗赤色	650	黄　色	1 000
暗樱红	700	淡黄色	1 100
樱红色	750	白微黄	1 200
淡樱红	800	亮　白	1 300
橘黄微红	850		

③ 钢板缩火流程。

钢板缩火作业使用的火焰为中性焰。将火焰对准板材时,需要注意以下几点:

- 对准延展的中心。
- 不要将火焰对准其他未发生延展的部位。
- 氧乙炔焊枪与板材成直角。
- 焰心的前端与板材的间隔距离为 3～5 mm。
- 加热温度为接触火焰的部位达到呈淡樱红或者橘黄色(800～900℃)的程度。

(3) 木锤的敲击顺序

使用木锤与手顶铁进行加热部分的收缩作业时,木锤敲击的顺序是从加热处的周围开始的,再以板件延展部为中心,沿着一定的方向进行敲击,最后再敲击延展的中心部位以消除延展。如果不趁热进行敲击,就不能取得良好的效果,所以动作一定要迅速,如图 4-46 所示。

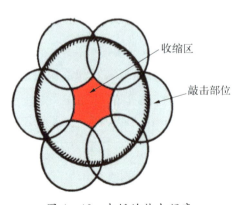

图 4-46　木锤的敲击顺序

（4）冷却

板件收缩的状况根据冷却速度和温差的不同而发生变化，急速冷却比缓慢冷却获得更高的收缩率。作业中，可以使用潮湿的海绵或者空气枪压缩空气急速冷却板件，且速度一定要快。

（5）氧乙炔火焰缩火的弊端

① 氧乙炔火焰缩火方法需要较高的技能，稍有不慎就可能导致钢板强度降低、变形，更可能使得钢板背面产生锈蚀，如图4-47所示。

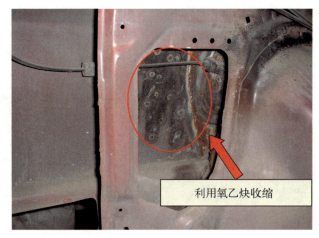

图4-47　氧乙炔收缩的弊端

② 氧乙炔火焰加热缩火高强度钢板时，高强度钢板强度会降低。因为对高强度钢进行加热时，随着温度的升高，高强度钢内部的金属晶粒会发生改变，由原来比较小的晶粒互相融合、吸收而变成大晶粒，金属晶粒之间的作用力会随着晶粒的变大而减小，表现出来的外观强度会减小。当加热后的高强度钢恢复到常温后，它内部的晶粒不能够恢复到原来小晶粒的状态。所以高强度钢经过过度加热再冷却后，强度会下降。

5. 通过电流进行钢板缩火作业

（1）作业原理

通过电流进行钢板缩火作业，其工作原理是车身外板件整形修复机配合铜电极头或者碳棒（图4-48）使用，通过电流加热的方式进行缩火作业，如图4-49所示。

图4-48　铜电极头与碳棒

（2）特点

① 可以获得恒定的热能，不需要像氧乙炔焊接那样调整火焰的大小、与板材之间的距离、加热的时间等。

② 操作简单，作业时间短。

③ 因为加热面积小，可以准确地对需要缩火的部位进行缩火作业。

④ 作业时可以不使用木锤与手顶铁。

⑤ 由于加热面积小，在相同的面积中，缩火的部位比氧乙炔焊接要多。

(a) 铜电极头缩火　　　　　　　　(b) 碳棒缩火

图 4-49　电流加热缩火作业

(3) 电流加热钢板缩火作业

实施电阻焊接(车身外板件整形修复机)的缩火作业，其加热方式可分为点缩火和连续缩火两种，如表 4-3 所示。两种方式都是把钢板延展的部位先急速加热后急速冷却以达到收缩的目的。

表 4-3　通过电流进行钢板缩火作业

缩火作业	点缩火	连续缩火
电极头	铜电极头	碳棒（由外而内）
特性	① 以单点方式收缩损伤区域 ② 虽然点缩火的覆盖区域较小，但可移动极头至需缩火的部位	① 以螺旋方式收缩损伤区域 ② 此种作业方法可维修较大的区域
外观	缩火痕迹　延展区域	缩火痕迹

(4) 电流加热钢板缩火作业注意事项

① 操作前必须配戴安全护具：手套、护目镜、工作帽、防尘口罩。

② 缩火之前应该检查极头，如有脏污，应用砂纸对其进行打磨以彻底清除脏污。

③ 同一个部位不多次重复加热,高温容易造成车身板件硬化。

④ 由于操作比较简单,不可以使用过度,理应一边确认收缩效果,一边进行缩火作业。

⑤ 不要对没有发生延展的部位进行缩火作业,由于收缩效果大,会造成比作业前更大的损伤。

⑥ 缩火作业后,使用潮湿的海绵或者空气枪压缩空气冷却钢板面。

⑦ 缩火完成后,应该使用钣金锉或单动作打磨机磨除缩火痕迹。打磨表面时,施加的力量为可使打磨部位变色即可。施加力量太大时,因为缩火面积小,打磨产生的热量有可能造成损伤复原。

活动三　车身防腐

活动目标

知识目标	了解汽车车身防腐原理
	了解车身防腐失效原因
技能目标	掌握车身防腐处理方法

知识准备

一、现代汽车车身防腐原理

1. 汽车锈蚀的形成

腐蚀(钢的腐蚀称为锈蚀)是一种复杂的化学反应,化学腐蚀由三个因素形成,即裸露的金属、氧、湿气(电解质)。铁在潮湿的环境下会与空气中的氧发生化学反应,形成红褐色的三氧化二铁,即铁锈。

通常情况下,汽车的钢板上含有大量的铁原子、杂质原子和自由电子。相对杂质原子来说,铁原子本身带约 1 V 的正电;而相对铁原子来说,杂质原子带负电。如图 4-50 所示。

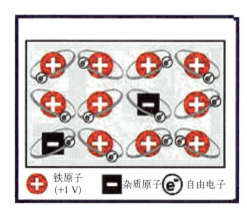
图 4-50　汽车钢板上的粒子

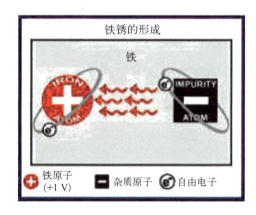
图 4-51　正极吸引负极

由于铁原子端电压较高,所以会吸引杂质原子的自由电子(正极吸引负极),如图4-51所示。

一旦汽车上沾有水,则自由电子会从杂质原子(一)端通过水汽侵蚀铁板的铁原子(+)。这个反应叫做氧化或生锈,如图4-52所示。

简化这个等式就是,铁锈的生成需要有水和自由电子。

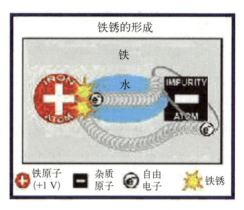

图4-52 铁锈的形成

铁+水+自由电子=铁锈

去除这三项中的任何一项,铁锈都不能生成。

2. 汽车车身防腐方法

目前常用的车身防腐方法有三种:镀锌或锌涂层、涂漆和涂防腐蚀化合物。

二、防腐失效的原因

导致腐蚀发生的原因一般有漆膜失效、碰撞损坏、修理的破坏和电化学腐蚀等。

1. 漆膜失效

漆膜包括涂层、底层及彩色涂层。漆膜失效后,腐蚀就开始发生。行驶中飞石的破坏、湿气及不正确的表面预处理都会造成漆膜失效,如图4-53所示。

图4-53 漆膜失效

图4-54 汽车碰撞损坏

2. 碰撞损坏

碰撞时,汽车的保护涂层会损坏。这不仅在直接冲击的部位发生,而且波及间接受损的区域,如焊缝拉开、堵缝松动、漆膜裂成碎片等,如图4-54所示。车身修理人员要恢复所有碰撞受影响区域的防腐蚀性能。

3. 维修的破坏

汽车修理可能会损坏保护涂层。在修理过程中，需要用机械方法或机器，如等离子体切割机切割车身板件和接缝从而破坏涂层；在校正拉伸和应力释放的程序中，正常的焊接温度会使锌从焊接部位蒸发从而造成涂层的破坏；在修理时的研磨也会导致保护涂层损坏。因此，在所有焊接和修理工作完成后，要采取防腐措施把各个表面完全密封起来，使金属与大气隔离，恢复车身板件的防腐蚀性能。

车身修理中防腐蚀处理的注意事项有以下几项。

① 在焊接时清除涂层的面积要尽量小，尽量少去除漆膜。

② 除修理的零件外，不要刮伤其他板件的保护层；如果意外地刮伤了，要采取补救防腐措施。

③ 在车身修理过程中对板件夹紧或固定时，夹具会刮伤板件的防腐涂层，修理完毕后要对此部位进行防锈蚀处理。

④ 磨削、切削或焊接板件时，在其邻接的漆膜表面及周围区域盖上保护罩，以防止火焰或金属屑损坏防腐涂层。

⑤ 用纸胶带把车身的门槛及类似部位的任何开口处盖好，以免在磨削、切削或焊接时进入金属屑，影响板件的防腐。

⑥ 车身内的金属屑，可使用真空吸尘器吸，但不能用压缩空气吹，压缩空气会把铁屑吹到角落并堆积起来。

4. 电化学腐蚀

对于汽车来说，另一种必须考虑的腐蚀形式就是电化学腐蚀。

当两种不同的金属以电线连接，仅会有一种金属有离子化现象，容易离子化的金属在空气中也容易腐蚀、锈蚀，这就是电化学腐蚀，如图4-55所示。

① 氧化作用：金属与氧结合而被氧化，金属释放电子而离子化。

② 还原作用：氧化的金属释放氧气，离子化的金属吸收电子而回到原始状态。

由于铝和锌的电位比铁低，所以在与氧气接触时，它们首先发生氧化，从而保护了基体钢材。

5. 环境条件对腐蚀程度的影响

（1）湿气

水在车身板件上聚积时，形成一个电化学环境，会加速腐蚀形成。地板垫下面留有雪和冰，洗车时车门和车门槛的底孔没有打开而积水，都会导致腐蚀的发生，如图4-56所示。

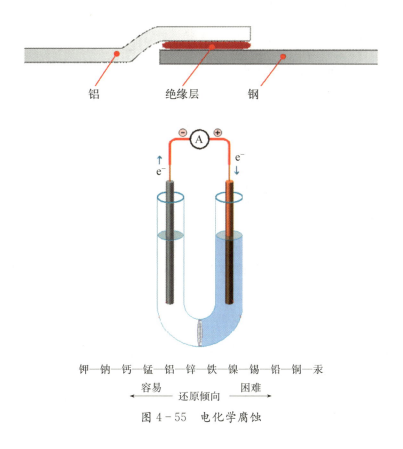

图 4-55 电化学腐蚀

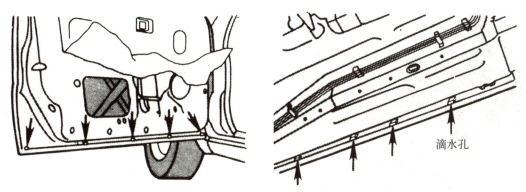

图 4-56 为避免腐蚀,应保持车门下部排水孔通畅

(2) 相对湿度

在相对湿度高的区域,腐蚀会加速进行,比如我国南方地区湿度高,腐蚀的速度就要高于北方地区。

(3) 温度

温度的增高会加快化学反应的速度,加快腐蚀的速度。

(4) 污染

空气污染(酸雨)、海岸区域含盐分的空气或使用浓度高的道路化冰盐水都会使腐蚀加速。道路化冰盐水还会使漆膜表面加速开裂。

三、车身防腐处理方法

1. 车身表面预处理

车身修理中要先对金属板件表面进行清洁处理,然后在金属板件表面喷涂漆膜的底层,从而把板件密封起来。现在一般是用蜡基或石油基防腐蚀化合物把空气和湿气从金属表面除去。良好的表面预处理工作是保证车身板件耐腐蚀的重要的步骤之一。如果没有正确的表面处理(特别是对裸露的金属),之后的修理程序和表面涂层的工作可能会失效。

(1) 使用去蜡除油剂清除表面带油脂的薄膜及其他污染物

可使用去蜡除油剂把带油脂的薄膜及其他污染物溶解,并从板件表面除去,如图4-57所示。把去蜡除油剂倒在清洁的擦拭纸上,顺着一个方向在金属板表面擦拭(不能往返擦拭),在表面仍保持润湿时,用另一块清洁的擦拭纸顺着一个方向擦拭表面以除去污染物,如图4-58所示。

图4-57 除油

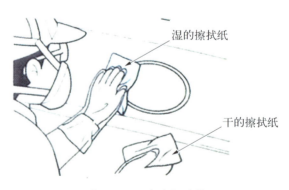

图4-58 清洁污染物

(2) 使用金属洗涤剂清洗金属板件表面

使用金属洗涤剂的目的是深入地清洁金属。按照溶剂使用说明在塑料罐中用水把金属洗涤剂稀释。建议采用喷瓶把它喷到金属上,然后用清水冲洗,并且用清洁的布擦干。

(3) 采用金属转化涂层

金属转化涂层能形成锌磷酸盐涂层,与金属进行化学黏合。它是底层涂料的理想表面,防止锈蚀从漆膜下面扩展。它适合在镀锌钢板、没有涂层的钢板及铝板上应用。按照容器上的说明把适当的转化涂料倒入塑料罐与水混合。用喷瓶把涂料喷到金属表面,如图4-59所示。让洗涤剂在表面上停留2~5 min。注意只能在需要喷涂的地方涂上转化层,并在该溶液干燥前把不需要喷涂的地方冲洗干净。如果在冲洗前表面已干,就再涂一次,用清水把多余的涂料从表面冲去。或用湿海绵或湿布涂抹,在涂抹时要定时把海绵或布在清水中冲洗。用清洁的擦拭纸擦干后进行风干。注意,擦拭时要按照一个方向进行。

图4-59 喷涂金属转化涂层

对经过预处理的板件表面进行防腐处理,防腐性能将会得到明显的增强。

2. 车身部位的防腐处理

做好车身覆盖件的防腐蚀工作是十分重要的。大部分的车身覆盖件通过喷涂处理以后基本能达到防腐的目的,但是对一些重点部位及容易受到腐蚀的部位,则必须进行深层次的防腐处理。车身修理中有四个部位是必须进行防腐蚀处理的。

(1) 封闭构件的内表面

车身构件中有一部分是强度要求比较高的部件,这些构件在车身制造中往往会制成封闭式结构,在汽车制造厂都进行过防腐处理。但受过损伤再进行修理作业之后,特别是进行更换作业后,就需要做修理后的防腐蚀处理。这些封闭式结构包括车身梁和门槛组件等封闭截面的内部结构。

(2) 外露件的内表面

车身覆盖件基本都是外露件,这些外露件的外表面都比较重视防腐蚀处理,而内表面可能存在疏忽。实际上,车身外露件内表面的防腐也是十分重要的,特别是一些焊缝处、折边处发生锈蚀的可能性较大,因此,车身外露件的内表面在修理后必须经过防腐蚀处理。内表面需要进行防腐蚀处理的外露件包括地板、挡板及发动机舱盖、行李箱盖等。

(3) 外露件的外表面

车身外露件的面积占据车身总面积的比例较大,而且车身外露件受损伤的可能性也较大。汽车在使用过程中经常会受到来自外力的损伤,表面的防腐涂层会很容易脱落,如果不注意防腐处理,其锈蚀的概率很高。因此,在修理后应认真地做好防腐处理。外表面需做防腐处理的有前翼子板、发动机舱盖、后侧围板、行李箱盖及车门外板等。

(4) 外露件的接头处

汽车车身覆盖件是由多个构件经过组合而成为一个整体的,这些构件有的是用螺栓连接而成,有的是通过焊接的方法连接而成。在两个构件的连接处都会出现连接接头,这些接头由于连接时存在一定的间隙,很容易产生腐蚀,所以在这些部位做好防腐处理是十分重要的。外露件的接头处有后侧围板至轮罩及后侧围板至行李箱地板的接头处等。

3. 封闭构件内表面的防腐处理

(1) 防腐材料

封闭的车身结构件在整体式车身中承受着主要载荷,当受到碰撞后,巨大的冲击力作用全由这些结构件来承担。因此,封闭构件的强度是十分重要的。在修理过程中,做好封闭构件内表面的防腐措施尤为重要。整个车身需要进行防腐处理的封闭构件有车身前纵梁、后纵梁及门槛组件等,如图4-60所示。

对于车身上封闭构件内表面的防腐,第一步是先清洗板件上的油脂、污染物等,并且必须在板件焊接到修理部位以前进行;然后是干燥,干燥后必须涂上底层涂料来保护封闭的金属表面。有多种不同的底层涂料可以使用,在车身封闭的内表面最常用的防腐蚀底层涂料有两种,一种是自制的双组分环氧树脂底层涂料,另一种是可导电防锈底漆。

① 双组分环氧树脂底层涂料。环氧树脂胶与氨基甲酸乙酯是修复塑料用的双组分型黏合材料,两种材料使用前按等量配置成黏结剂,放置时两种材料应该分别存放。现今大多数汽车制造厂推荐采用这种材料代替标准的环氧树脂底层涂料。

② 可导电防锈底漆。可导电防锈底漆是一种富含锌的底层涂料,由于有着良好的导电性能,其在焊接作业时能使电流顺利通过,且不影响焊接,因此可以很好地保护焊接的接头处。

对于封闭构件内表面的防腐,不建议使用金属洗涤剂和转化涂层,因为一旦实施操作将很难把化学物质和湿气从内接缝除去。这里受飞石冲击的概率不大,所以在这些部位可使用有足够黏合性的底层涂料,而不使用转化涂层。

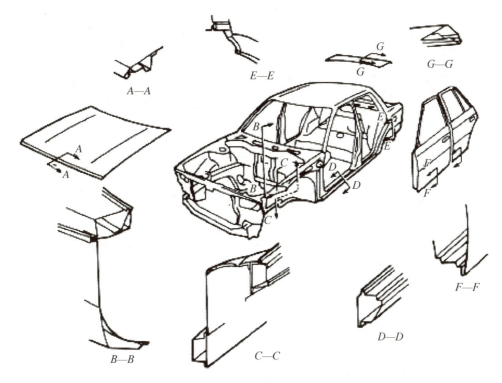

图 4-60 整体式车身上的封闭构件

(2) 封闭构件内表面防腐作业程序

封闭的内表面防腐蚀涂层喷涂的一般程序如下。

① 用溶剂清洗封闭的内表面。对封闭构件内表面进行清洗，是做好防腐工作的基础，在实施防腐措施之前应该将粘附在车身构件上的油污等清洗干净。

② 在钢板裸露处使用导电底漆。仅在钢板的裸露处使用导电底漆，不要喷涂在油漆、底层涂料或镀锌的表面上。仅用于邻近的焊接区域，因为这种产物的黏合性不好。焊接后彻底去除焊接区域内的所有焊接残留物和多余的导电底漆。

③ 清洁时不宜使用钢丝刷来清理焊接区域。钢丝刷会在原来的底层涂料上留下刮痕，而新的底层涂料并不能把它全部充满。在这些没有底层涂料保护的刮痕部位，腐蚀就会发生。清理焊接区域的较好方法是采用塑料磨料，另一种方法是用喷砂器喷砂进行表面处理。焊接后还要进行彻底清理，以保证后续的涂装工作顺利进行。

④ 清洗并且喷涂底层涂料。彻底清洗该区域后，在板件内部区域涂底层涂料。一般建议采用双组分环氧树脂底层涂料。要用足够的时间让喷涂的涂料干燥。

⑤ 根据说明来喷涂防腐蚀化合物。使用防腐涂料喷枪，喷管可从作业孔或检查孔及滴水孔放进内部空腔中，如图 4-61 所示。经过约 1 h 的防锈材料干燥后，清洗滴水孔。

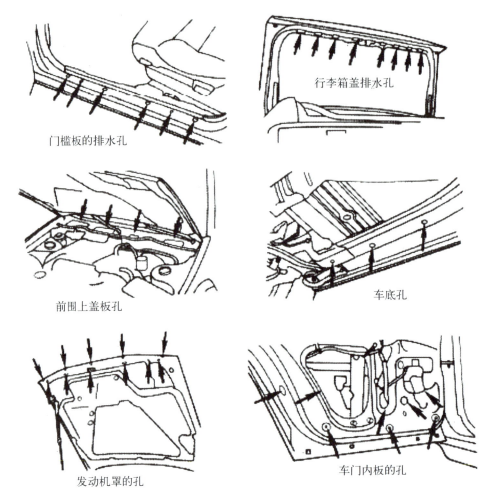

图 4-61 车身上各种作业孔和检查孔

（3）车身不同部位内表面的防腐处理

① 后侧围板及行李箱内表面防腐处理。为了方便对后侧围板喷射防腐涂料，需要把备用轮胎、工具、地垫、隔板及行李箱各侧的垫板拆下。然后用可弯曲的喷杆从行李箱内喷射车轮后面的后侧围板，向下喷到行李箱和后侧围板之间的通道上，还要喷射焊缝下面的行李箱后缘部分。

把可弯曲的喷杆插入行李箱盖原有的孔中以喷涂行李箱盖，如图 4-62 所示，一定要保证喷涂材料达到板件边缘缝隙。喷射完毕后，用蘸有少量去漆剂、干洗溶剂或煤油的布拭去喷射过多的涂料。然后把垫板、地板、隔板、地垫、工具及轮胎放回原处。

② 车门内表面防腐处理。拆下车门内板后，可通过车门滴水孔进行内表面防腐涂料喷涂处理。或在门上钻一个直径为 12 mm 的孔，钻在底部上方 150～200 mm 处。通过此孔向内喷射防腐剂。

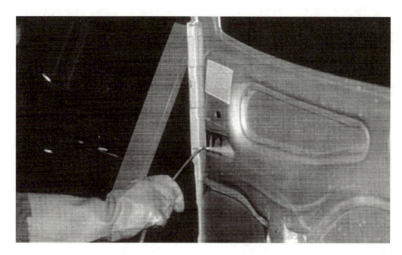

图 4-62 喷管插入行李箱盖孔

把车窗拉起,喷杆伸进已钻的孔内,越远越好。在车门的三分之一处沿着底部的长度喷射,边喷射边慢慢地把喷杆抽回。在喷杆从孔中退出前,要确保涂料覆盖了门板内部的所有缝隙和角落。完毕后用直径为 12 mm 的塑料车身塞把孔塞住。

③ 后柱(车身 C 立柱)和后顶侧板的内表面防腐处理。可从行李箱部位向后柱和后顶侧板的内表面喷射防腐蚀涂料。为了保证喷涂的涂料覆盖整个内部表面和缝隙,可在后柱上钻一个或多个直径为 12 mm 的孔,或者拆下通风装置的盖来喷涂轮罩的前缘和后顶侧板的部位。把可弯曲的喷杆伸进后柱上所钻的孔内,在喷射时逐渐抽回喷杆。操作完毕后用塑料塞把所钻的孔塞住。

④ 车身 A 立柱以及 B 立柱内表面防腐操作。对于车身 A 立柱以及 B 立柱内表面防腐操作,均可以通过立柱中相应的孔对内表面喷射防腐涂料。喷射时要确保内部需要进行防腐处理的部位全部能够被涂料覆盖。

⑤ 前翼子板内表面防腐处理。前翼子板内表面由于泥水等的侵蚀,更容易受到腐蚀。对于前翼子板内表面的防腐,可沿着前翼子板加强组件的下部将弯管伸入进去进行喷射防腐,也可以通过前立柱把可以弯曲的锥形喷管伸进去喷射涂料。喷射时应该注意前翼子板的下缘及其附近的任何有关部位都要能够被喷射到。

⑥ 车门槛板内表面防腐处理。汽车门槛板一般都是开口的箱形截面结构,对于车门槛内表面的防腐,可通过门槛板两端下面的孔,用可以弯曲的锥形喷管插入喷射。

4. 车身外露构件内表面的防腐处理

部分车身构件的下部或者内表面会受到飞石的冲击而损坏涂层,经过汽车长时间的使用也会引起防腐涂层的老化脱落,从而导致车身钢制构件发生锈蚀。对于这些部位的防腐可以使用吸振性能较好的涂料进行底漆喷涂处理。防腐蚀程序从使用溶剂彻底清洗开始，一旦表面完全风干，就在所有的焊接部位和板件接头喷射第一层蜡基或石油基底涂化合物。待第一层干燥后，在整个区域喷上第二层。喷射前用纸胶带盖住所涂部位的周围，以防止涂料粘在并不需要涂覆的部位，如图4-63所示。

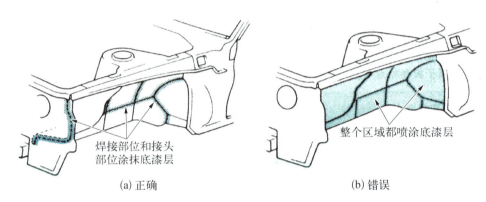

图4-63 车身外露构件内表面的防腐处理

根据腐蚀环境的不同，外露的内表面防腐蚀可采用不同的底层涂料。使用最多的是双组分环氧树脂底层涂料。几乎任何涂料都可以再涂到环氧树脂底层涂料上。

5. 车身外露构件外表面防腐处理

车身外露构件外表面更容易受到飞石冲击，在处理时须使用自制和转化涂料。转化涂层具有类似超级油漆膜的黏合作用，在受到飞石冲击后能阻止膜下锈蚀的蔓延。车身外露构件外表面分为装饰用板件和车身下部板件两种类型，其防腐处理方式如下。

（1）车身装饰用板件的防腐处理

① 用溶剂清洗。

② 使用金属洗涤剂清洗。

③ 用水冲洗。

④ 喷涂转化涂层并彻底风干。可用压缩空气或清洁的布使干燥加速。

⑤ 用水冲洗。

⑥ 涂刷底层涂料，建议采用双组分环氧树脂底层涂料。

⑦ 涂刷表面处理剂。

⑧ 喷涂彩色涂层，如图4-64所示。

（2）车身下部板件的防腐蚀处理

把汽车举起，车身下部板件的防腐蚀工作就较容易进行。对车身下部板件进行防腐蚀

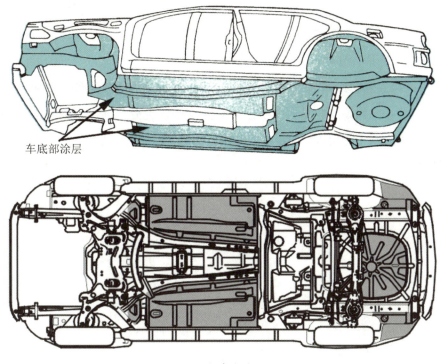

车底部涂层

图 4-64 车身底盘防腐处理

处理时，首先向防护板和轮罩喷涂，应特别注意涂覆防护板的焊缝。有些汽车需要拆下车轮进行充分的喷涂。挡泥板应拆下并分别处理。

喷涂车身下面的其余部件有：板件的底面、焊接处、车架、油箱嵌条及接缝处。在喷涂前除去任何杂物和消声材料，特别是在接头周围。在重要部位上的消声材料或杂物会阻碍涂层的黏附而导致锈蚀。

不要把底层涂料涂在高温零件如排气管、消声器等上面，也不要喷涂在悬架、传动系零件、制动盘及其他有关的运动件上。

车身下部板件的防腐蚀操作程序一般如下：

① 用溶剂清洗。

② 使用金属洗涤剂清洗。

③ 用水冲洗。

④ 涂刷转化涂层。

⑤ 用水冲洗。

⑥ 喷涂底层涂料。

⑦ 使用防腐蚀化合物和消声材料来恢复出厂前的状态。

注意：大多数喷涂过多的底层涂料可用干洗溶剂或煤油除去，也可用水冲洗掉。

6. 外露板件的接头处的防腐处理

（1）外露板件的接头对密封剂的要求

车身板件的接头和接缝部位由于可能存在一定的缝隙，一些金属焊接的残留物及水、雪、尘土和泥浆等在此积聚而容易产生腐蚀。对于这些接头处应涂上密封剂，使板件之间不留间隙，以阻止腐蚀物质的侵入，如图4-65所示。

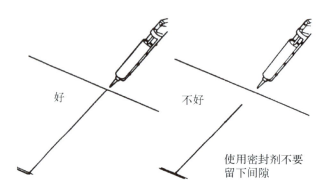

图4-65 使用密封剂不留间隙

选用接缝密封剂的要求如下

① 可涂装性。对板件的防腐蚀处理是板件涂装的基础工作，因此所有的密封剂必须能够进行油漆涂装，并且能与裸露的金属和底层涂料良好黏合。在油漆涂装操作前要让接缝密封剂充分干燥，所需的干燥时间取决于密封剂本身的情况、涂层厚度以及干燥时的温度和湿度。一般来说，在21℃以下时，温度越低则所需的干燥时间越长；相对湿度为50%以上时，湿度越高所需的干燥时间越长。

② 良好的韧性与挠性。汽车在行驶过程中，会受到各种的振动与扭转，接缝处的密封剂如果没有良好的性能，在受到振动后会发生脱落和开裂的现象。所以密封剂有着良好的韧性与挠性显得格外重要，它必须能够承受汽车在运动时产生的振动，且不会开裂和脱落。

③ 涂刷密封剂。涂刷密封剂时可用手指蘸溶液或水，然后再来进行涂刷（蘸溶液或水后可避免密封剂粘在手指上），这样可以使涂刷后的密封剂有良好的外观。对于可涂刷的接缝密封剂还可以使用刷毛较硬的刷子来涂刷，注意要沿着一个方向移动涂刷。

④ 不要使用硅树脂密封剂。硅树脂密封剂不能使用在车身的接缝上，因为它不仅不能涂装，还会吸附尘土和污物，而且没有其他密封剂所具有的黏合性。

（2）汽车车身防腐蚀常用的接缝密封剂

汽车上常用的接缝密封剂一般有四种：

① 可刷涂的接缝密封剂。这种密封剂能抗盐类和汽油、传动油及制动液等物质的腐蚀，适用于内车身接缝，可以用刷子涂刷。一般用于重叠接缝的防腐，也可用于对外观要求不是很高的部位，如发动机罩下面及车架下面等处。

② 固体接缝密封剂。固体接缝密封剂通常用于密封板件的连接处，可防止水、气体、热量和噪音的进入。这种密封剂是条状填隙式的，可用拇指压入接合处。使用程序基本上与内部外露板件的处理相同，但要增加两个步骤：一是彻底清理焊接部位后，用接缝密封剂把所有的车身板件接头密封起来；二是在接缝密封剂上涂一层底层涂料把接头整修平齐。

③ 稀释式密封剂。稀释式密封剂适用于宽 3 mm 以下接缝的密封，干燥后会产生轻微收缩，具有一定的挠性来抵抗振动。稀释式密封剂对底层金属和裸露的金属表面都有良好的黏合性。由于很多接缝是在垂直面上，而具有一定挠度的密封剂不会从接缝处脱离，因此这种密封剂使用面很广。

④ 稠状密封剂。稠状密封剂通常用于密封搭接连接处的缝隙，能以珠状形式存在。这种密封剂涂敷的接缝收缩极小，抗垂弛性好，具有挠性高的特点，不易在使用中断裂，适用于宽度在 3～6 mm 的接缝的密封。这种密封剂可以是固体状的，也可以采用挤压管的形式。

（3）密封剂的使用

在操作前彻底清洗接头或接缝，在清洗过的部位使用底层涂料或底层密封剂，然后用接缝密封剂把接头密封。使用密封剂时，用于喷射的喷嘴孔要小，在将密封剂打出以后，要用手指尖把密封剂抹开。喷嘴孔小可使涂好后的接缝保持整洁、美观；如果喷嘴孔过大，密封剂就散布过宽，接缝太宽则既不整洁，又不美观，如图 4-66 所示。

为了能够使接缝密封剂打得既整洁又美观，可以在涂刷密封剂的部位上用纸胶带做出分隔线，涂好后可以得到整洁的接缝。

使用密封剂时，应当遵循维修手册关于车身不同部位的防腐要求，确定应该涂刷密封剂的部位或查看汽车的另一边以明确何处应涂刷密封剂，如图 4-67 所示。

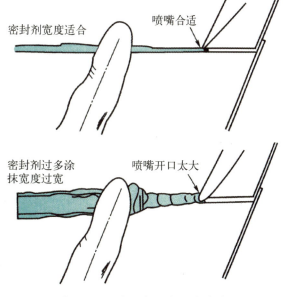

图 4-66 采用合适大小的喷嘴

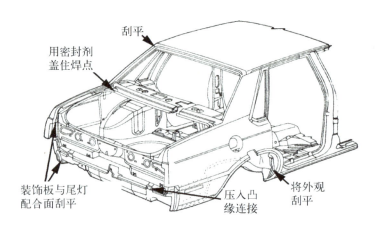

图 4-67 汽车制造厂商规定涂刷密封剂的部位

涂层质量是对汽车质量的直观评价，它将直接影响汽车的市场竞争力。对于现代汽车而言，人们不仅仅重视汽车赏心悦目的流线形外观，而且对汽车外观的质量、汽车的装饰和使用寿命也有较高的要求。车身材料的防腐蚀对提高汽车的耐蚀性和外观质量有着极其重要的意义。汽车行业的发展变化对涂料提出了高品质、低消耗和环保等要求。这些都对现代汽车涂层材料和工艺提出了挑战，应用先进的防腐工艺和材料是我们亟需做到的。

项目五 车身板件更换工艺

在发生碰撞事故后有些板件是不能进行整形修复的,这时就需要进行更换。根据车身的连接方式,有些板件可以直接拆装螺纹紧固件进行拆除更换。而对于焊接板件的更换,就需要先进行焊接损坏件的拆除,然后再进行更换作业。板件安装时根据原厂维修手册要求选择惰性气体保护焊或者电阻点焊进行连接。

本项目介绍了车身损坏板件分离、切割的方法,电阻点焊和惰性气体保护焊的使用方法,以及焊接缺陷的检查。

活动一　车身板件分离、切割

活动目标

知识目标	了解车身各种板件的连接方式
技能目标	掌握电阻点焊、惰性气体保护焊分离作业
	掌握车身板件部分更换切割作业

知识准备

一、车身板件分离

1. 电阻点焊焊点分离

（1）确定电阻点焊焊点的位置

在车身点焊接合的表面，如有涂膜、防锈底漆或密封胶等，不易确认焊接位置时，就必须先将这些物质去除掉，以利于钻除作业的开展。确定电阻点焊焊点位置的方法如下。

① 在车身凹陷较低的部位，有时很难找到焊点，可以使用砂纸快速磨除底漆、保护层，即能显现出要去除的焊点，如图 5-1 所示。

图 5-1　用砂纸打磨寻找焊点位置

图 5-2　用铲刀去除密封剂

② 对于车身贴有密封剂的部位,可以使用铲刀去除密封剂。刮除密封剂的部位焊点就会显现出来,也就可以进行拆卸了,如图5-2所示。

③ 清除油漆以后,焊点位置仍不能看清的区域,可以在两块板件之间用錾子錾开,焊点的轮廓随之显示出来,如图5-3所示。

图5-3 用錾子錾开显示焊点轮廓

④ 可以使用氧乙炔或氧丙烷焰烧焦底漆,并用钢丝刷将其刷掉。

（2）使用气动焊点去除钻分离焊点

确定焊点的位置以后,使用气动焊点去除钻来钻掉焊点是最有效的办法。在使用焊点去除钻时,钻头的选用十分关键。钻的修磨是特殊的磨法,它利用一个中心和一个平面对板材的表面进行切削。点焊的钻头有较多的种类,如图5-4所示。在使用焊点去除钻之前应该根据需要钻削的材料的种类来选择合适的钻头,如图5-5所示。

图5-4 钻头

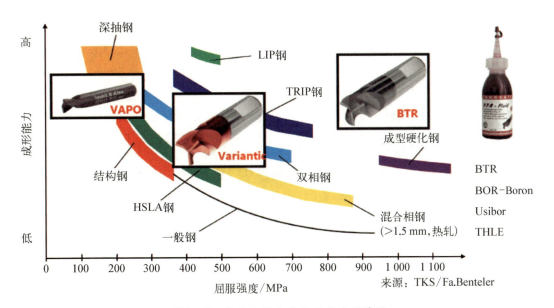

图5-5 各种点焊去除钻头的应用范围

为提升工作效率，可使用自身具有夹紧装置的焊点去除钻进行工作，如图5-6所示。在使用焊点去除钻进行切削作业时，应该先将钻头调整到合适位置。由于手的压力会迫使特殊的圆形钻头进入焊点，而且钻头有行程限制，所以钻头在钻透第一层板后不会损伤下面的板件，如图5-7所示。

电阻点焊去除

图5-6 焊点去除钻进行切削作业

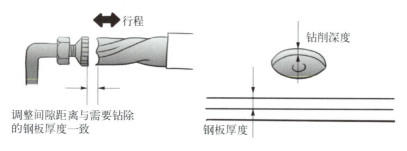

图5-7 调整钻头间隙

（3）使用焊点打磨机或高速砂轮机磨削分离焊点

车身上的电阻点焊焊点一般都在边缘部位，但有时也会碰到焊点在板件中间部位的情况，此时是无法使用焊点去除钻进行切削去除的。解决的办法是使用焊点打磨机或高速砂轮机磨削分离焊点。这种方法也适用于因更换板件的塞焊点（来自早先的修理）太大，钻头无法钻掉时。采用磨削的方法分离焊点时，只需要将板件表面磨削至焊点轮廓出现即可，切不可破坏到下层板件，如图5-8所示。将板件表面磨削至焊点轮廓出现后，在两块板件之间就可以使用錾子将多层板件分离。

2. 连续焊缝分离

在一些汽车的局部板件连接中，板件是用惰性气体保护焊连续焊接的。由于焊缝长，因

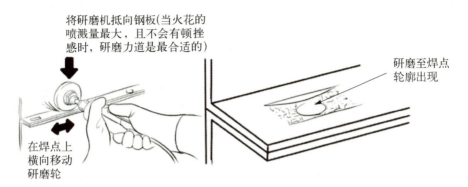

图 5-8　使用高速砂轮机磨削分离焊点

此要用砂轮或高速砂轮机来分离板件,如图 5-9 所示。注意要割透焊缝而不割进或割透板件。握紧砂轮以 45°角进入搭接焊缝。磨透焊缝以后,用锤子和錾子来分离板件。

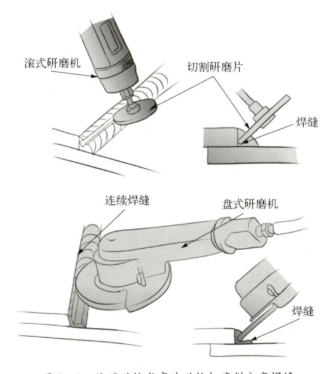

图 5-9　使用砂轮或高速砂轮机磨削分离焊缝

3. 钎焊区域分离

钎焊用于外盖板边缘处或车顶与车身立柱的连接处。通常是用氧乙炔焊枪或丙烷焊枪熔化钎焊的金属来分离钎焊区域。在用电弧钎焊的区域,电弧钎焊金属熔化的温度比普通钎焊的高些,而熔化的钎焊金属会导致下面板件的损坏。因此,通常是采用磨削分离电弧钎焊区域的方法。普通钎焊与电弧钎焊可以通过钎焊金属的颜色来识别,普通钎焊区域是黄铜色的,而电弧钎焊的区域是淡紫铜色的。

① 用氧乙炔焊枪使油漆软化,用钢丝刷或刮刀将油漆除掉,如图 5-10 所示。然后加热钎焊焊料,直到它开始熔化呈糊状,再快速地将它刷掉。注意不要使周围的金属薄板过热。

② 用螺钉旋具或錾子錾入两块板件之间,如图 5-11 所示,将板件分离。保持板件的分离状态,直到钎焊金属冷却并硬化。在所有其他焊接部分分离以后,分离钎焊区域是比较容易的。

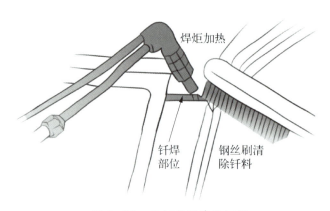

图 5-10 用钢丝刷清除铜焊

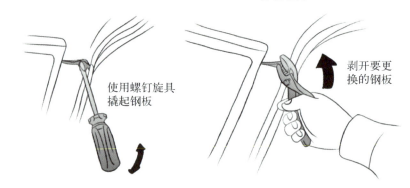

图 5-11 撬起、分离钎焊的钢板

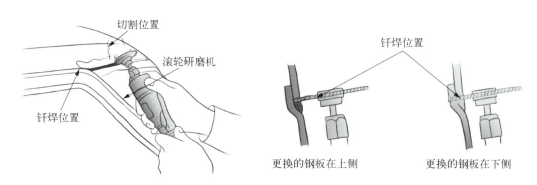

图 5-12 使用高速切割砂轮来分离钎焊区

③ 如果除去油漆以后,确定连接的是电弧钎焊,可采用高速砂轮机,如图 5-12 所示,用砂轮切除钎焊。如果更换上面的板件,不要切透它下面的板件。磨透钎焊接头以后,用錾子和锤子分离板件。

二、车身板件切割

1. 外板件切割、分离的要求

当车身上的一些外覆盖板件受到损伤时,可以对其进行钣金加工处理来消除金属板上的凸起、凹坑和摺皱。对于一些损坏严重、锈蚀严重的板件,若无法修复,就只能进行切割、分离后再更换。

① 如图5-13所示,汽车碰撞造成翘曲,在边缘和车身外表有严重的加工硬化,此时需更换板件。

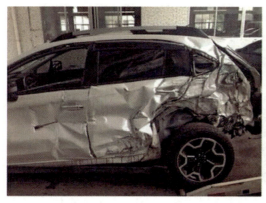

图5-13 车身碰撞损坏严重的板件需更换

图5-14 车身后侧围板损坏严重需更换

② 在车身后侧围板处碰撞损坏严重,如图5-14所示,需要进行局部切割除去损坏部件。接缝处的焊点用钻孔的方法除去。

③ 车身侧板经常发生损坏,需要切割后更换新的板件,再将其焊接就位。图5-15显示了车身侧面损坏后需要切割更换的位置。

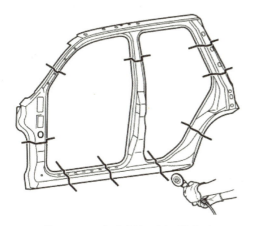

图5-15 车身侧板的切割位置

图5-16 破损的部件

④ 对于严重的腐蚀损坏,更换板件通常是唯一的补救方法。将生锈的金属板切割下来,在原来的位置焊接上新的局部板件。对于经常受到锈蚀的部位,局部地切割再更换新板件是常用的方法。

⑤ 对于一些已经破损、无法修复的板件,需要进行局部切割更换。图 5-16 为车身破损的部件,可以采用切割的方法切割掉受损的部分,再使用新板件进行局部更换作业。

2. 结构性板件切割、分离的要求

在整体式车身结构中,所有的结构性板件(从散热器支架到后端板)都焊接在一起,构成一个整体框架。结构性板件包括散热器支架、挡泥板、地板、车门槛板、发动机室的纵梁、上部加强件、后纵梁、内部的护板槽、行李箱地板等,如图 5-17 所示。

图 5-17 整体式车身结构板件

图 5-18 车身结构板件的切割分离

修理结构性板件,当需要切割或分割板件时,应完全遵照制造厂的建议。有些制造厂不允许反复分割结构板件,还有一些制造厂只有在遵循它们的正确工艺规程时才同意分割车身结构板件,如图 5-18 所示。所有制造厂家都强调:不要割断可能降低乘客安全性的吸能区域、可能降低汽车性能的区域或者会影响关键尺寸的地方。

对于高强度钢板区,例如保险杠加强件和侧护板门梁,这些板件受损后必须切割更换。在任何条件下,都不允许使用氧乙炔割炬切割更换。

3. 车身板件切割、分离的方法

(1) 砂轮研磨切割

砂轮研磨切割一般使用电动(气动)高速手提砂轮机作为切割工具,多用于车门板包缝

缘角和连续焊接区域的切割分离,也可以用于车身外板件的切割,如图 5-19 所示。使用电动(气动)高速手提砂轮机的缺点是火花、磨屑多,噪声大。

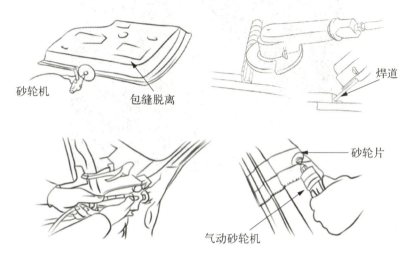

图 5-19 气动高速手提砂轮机切割

(2) 使用气动锯对车身板件进行切割

① 用笔标示要切割的部位。在比实际切割的部位低 30 mm 的地方用笔标示,如图 5-20 所示。在安装新的后翼子板时,将要同时切开两个板件。

图 5-20 标记切割位置　　　　　图 5-21 去除切割位置的漆层

② 使用砂轮机去除标示部位以及其上 60 mm 范围的漆层,如图 5-21 所示。如果在实际切割后才进行砂磨,则会有很大的可能使切割边缘变薄,从而使焊接变得更困难。

③ 使用气动锯在砂磨区域的下缘进行切割,小心不要割到后方的板件。在门槛接缝上重复进行相同的步骤,如图 5-22 所示。

图 5-22 切割板件

(3) 钢剪剪切

钢板的切断虽然有多种便利的切断工具可供选择,但是在需要进行高精度或是细小的剪切作业时,还是使用钢剪为多。钢剪刀口以工具钢锻接而成,有直钢剪、半弯剪及大弯剪三种形式。直钢剪供直线及大圆弧曲线剪切,半弯剪供外圆弧曲线剪切,大弯剪供内圆曲线剪切。使用时依工作物的形状选择适当形式的钢剪,如图 5-23 所示。

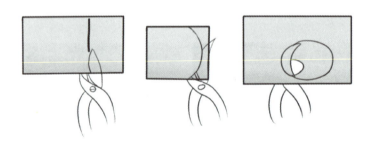

图 5-23 钢剪剪切

(4) 等离子切割机切割

等离子切割是利用高温等离子电弧的热量使工件切口处的金属局部熔化(和蒸发),并借由高速等离子的动量排除熔融金属以形成切口的一种加工方法。等离子切割车身钢板的速度可达氧切割法的 5~6 倍,切割面光洁,热变形小,热影响小。

① 切割电流。增加切割电流同样能提高等离子电弧的功率,但其受到最大允许电流的限制,否则会使等离子弧柱变粗、割缝宽度增加、电极和喷嘴寿命下降。

② 空载电压与弧柱电压。等离子切割电源必须具有足够高的空载电压,如此才能容易引弧和使等离子弧稳定燃烧。空载电压一般为 120~600 V,而弧柱电压一般为空载电压的一半。提高弧柱电压,能明显地增加等离子弧的功率,使其提高切割速度并能切割更大、更

厚的金属板材。提高弧柱电压往往通过调节气体流量和加大电极内缩量来达到,但弧柱电压不能超过空载电压的65%,否则会使等离子弧不稳定。

③ 切割速度。切割速度主要取决于切割板件的厚薄和切割电流、切割电压、气体流量、喷嘴开口和后拖量的大小等,图5-24所示为切割速度与切口的关系。

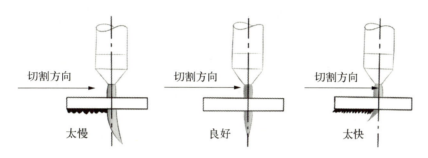

图5-24 切割速度与切口的关系

(5) 氧乙炔切割

① 气割操作流程:

第一,检查所有设备如乙炔发生器(乙炔瓶)、氧气瓶及橡胶管之间的接头,阀门及紧固件都应紧固牢靠,不能有松动、破损和漏气现象。检查乙炔瓶、氧气瓶及其他附件上是否沾染油脂、泥垢,瓶内是否有气体,割炬是否损坏。

第二,开启乙炔阀(开启时动作要轻、缓),再开启氧气阀,并查看是否漏气。

第三,将乙炔表、氧气表的指针调至其适当的压力(乙炔压力不超过0.1 MPa,氧气压力不超过1 MPa)。

第四,检查确定割炬射吸性能正常后,打开割炬乙炔阀(开小一点),然后点火,最后将割炬喷嘴调整好后方可使用。图5-25所示为使用氧乙炔切割焊枪切割车身钢板。

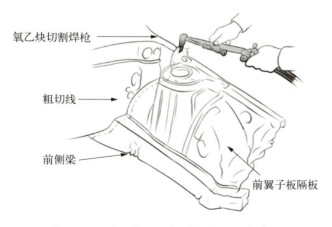

图5-25 使用氧乙炔切割焊枪切割车身钢板

② 气割操作注意事项：

第一，选择合适的割嘴。应根据切割工件的厚度选择合适的割嘴。装配割嘴时，必须使内嘴和外嘴保持同心，以保证切割氧射流位于预热火焰的中心，安装割嘴时注意拧紧割嘴螺母。

第二，检查射吸情况。射吸式割炬经射吸情况检查并显示正常后，方可把乙炔橡胶管接上，以不漏气并容易插上、拔下为准。

第三，在使用过程中，如发现气体通路或阀门有漏气现象，应立即停止工作。消除漏气后，才能继续使用。

第四，切割车身上比较厚的钢板时，切割焊枪与钢板成90°，并保持缓慢地移动，如图5-26所示。此种方法也适合于复合层结构钢板的切割。切割薄钢板时，应该倾斜切割焊枪，并且使其快速地移动，如图5-27所示。

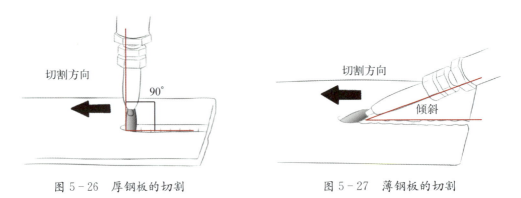

图5-26 厚钢板的切割　　　　　图5-27 薄钢板的切割

第五，切割作业时，将切割焊枪与钢板间的间隙保持在10 mm以下。作业中，若火焰熄灭，须先立即关闭切割用预热氧气阀，再关闭乙炔阀。

活动二 电阻点焊的运用

活动目标

知识目标	了解电阻点焊原理
	了解焊接质量影响因素
技能目标	掌握焊接缺陷处理方法
	掌握电阻点焊焊接方法

知识准备

一、电阻点焊的原理

1. 基本原理

电阻点焊机电源部分相当于一台变压器,它向电极提供低电压、高强度的电流,电流流过夹紧在一起的两块或三块金属板时产生大量的电阻热,再用焊枪电极的挤压力把它们熔合在一起,如图 5-28 所示。

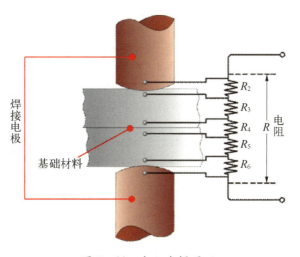

电阻点焊原理

图 5-28 电阻点焊原理

在使用电阻点焊进行车身构件结合时,首先要把车身焊件表面清理干净,再将被焊的板料搭接装配好,压在两个柱状电极头之间,施加压力将板件先压紧。当通过强电流时,板件接触点产生大量的电阻热,将中心最热区域的金属很快加热至熔化状态,形成一个透镜形的液态熔池。继续保持压力并维持,断开电流,待金属冷却后,形成了一个熔点。图5-29所示为电阻点焊的过程。

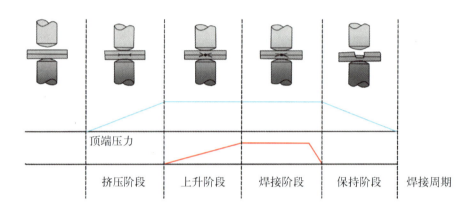

图5-29 电阻点焊过程

2. 焊接热

(1) 焊接热的产生

电阻点焊时产生的热量由下式决定:

$$Q = I^2 RT$$

式中:Q——电阻点焊产生的热量(J);

I——焊接电流(A);

R——电极间电阻(Ω);

T——通电时间(s)。

(2) 电阻的组成

电阻R是由两焊件本身电阻、焊件之间的接触电阻、电极与焊件之间的接触电阻组成的,如图5-30所示。

电阻R的计算公式为:

$$R = 2R_w + R_c + 2R_{ew}$$

式中:R_w——焊件本身电阻(Ω);

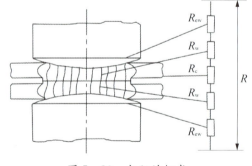

图5-30 电阻的组成

R_c——焊件间的接触电阻(Ω);

R_{ew}——焊件与电极间的接触电阻(Ω)。

① 焊件本身电阻 R_w。

电流通过焊件而产生的电阻热与焊件本身电阻有关,该电阻按下式计算:

$$R_w = \frac{K\rho(\delta_1+\delta_2)}{S}$$

式中:ρ——焊件电阻系数,一般随温度升高而增大,故加热时间越长,电阻越大,产热越多,对形成熔核的贡献越大;

δ_1、δ_2——两焊件的厚度(mm);

S——电极接触面积(mm^2);

K——考虑电流在板中扩散的系统,$K<1$,K 仅与电极与焊件的几何形状有关。

② 焊件间接触电阻 R_c。

定位焊电极压力下所测定的接触面处存在电阻值的原因如下:

第一,焊件表面的氧化膜或污物层使电流受到较大阻碍,过厚的氧化膜或污物层会导致电流不能导通。

第二,焊件表面是凹凸不平的,这使得焊件在粗糙表面形成接触点,并在接触点形成电流的集中,因此增加了接触处的电阻 R_c。

③ 焊件与电极间的接触电阻 R_{ew}。

焊件与电极间的是一种附加电阻,通常是指在点焊电极压力下所测定的接触面(焊件—电极接触面)处的电阻值。

二、电阻点焊三要素

1. 电极压力

两个金属件之间的焊接机械强度与焊枪电极施加在金属板上的力有直接的关系。当焊枪电极将金属板挤压到一起时,电流从焊枪电极流入金属板,使金属熔化并熔合。焊枪电极的压力太小或电流过大都会产生焊接飞溅物,导致焊接接头强度降低;焊枪电极压力太大会引起焊点过小,并降低焊接部位的机械强度;焊枪电极压力进一步增大会使电极头压入被焊金属软化的部位过深,导致焊接质量降低。图5-31所示为焊接压力对焊点的影响。

2. 焊接电流

给金属板加压后,一股很强的电流流过焊枪电极,然后流入两个金属板件。在金属板的

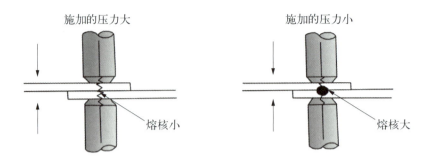

图 5-31 焊接压力对焊点的影响

接合处电阻值最大,电阻热使温度迅速上升,如图 5-32(a)所示。如果电流不断流过,金属便熔化并熔合在一起,如图 5-32(b)所示。电流太大或压力太小,将会产生内部溅出物。如果适当减小电流或增加压力,便可使焊接溅出物减少到最少。焊接电流和施加在点焊部位的压力对焊接质量都有直接的影响。

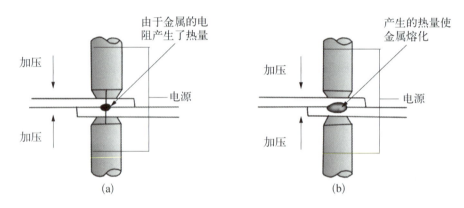

图 5-32 焊接电流对焊点的影响

一般通过观察焊点部位的颜色变化就可以判断电流的大小。图 5-33(a)表示出焊接电流正常时焊点中间电极触头接触部分的颜色不会发生变化,与未焊接之前的颜色相同。图 5-33(b)表示出焊接电流过大时焊点中间电极触头接触部分的颜色变深,呈蓝色。

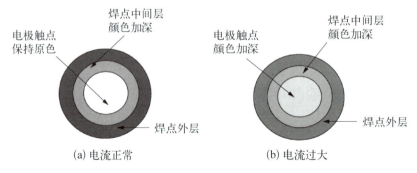

图 5-33 焊接电流影响焊点颜色的变化

3. 加压时间

电流停止后，焊接部位熔化的金属开始冷却，凝固的金属会形成圆而平的焊点。焊点施加的压力合适会使焊点的结构非常紧密，有很高的机械强度。加压时间是一个非常重要的因素，时间太短会使金属熔合不够紧密，时间太长会使焊件过熔，如图5-34所示。焊接操作时的加压时间一般不少于焊机说明书上的规定值。

图5-34 加压时间对焊点的影响

三、电阻点焊影响因素

影响点焊质量的因素有很多，除了电极压力、焊接电流和加压时间以外，其他如焊点间距、焊件清洁度、焊件材料、焊件表面的间隙等，都会对电阻点焊造成影响。

1. 焊点间距

焊点的间距越短，其焊接强度越强。但是实际上是有限的，因为焊点间距短于某种限度时，焊接电流会经由上一个焊点导走、泄漏。此电流称为无效分流，此现象称为架桥效应，如图5-35所示，所增加的焊点不再具有增强焊件连接强度的作用，反而会适得其反。由此可知，焊点的间距一定要跨出电流的泄漏区。

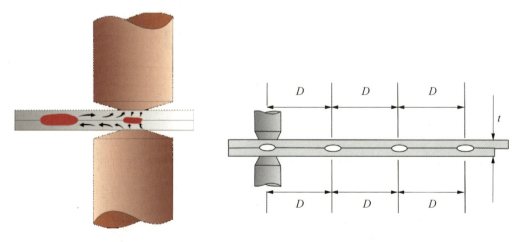

图5-35 电流分流　　　　　图5-36 焊点间距

焊点间距(图 5-36)的计算公式为：

$$D = 10t + 10 \text{ mm}$$

式中：D——焊点间距；

t——焊件厚度。

一般而言，焊点的间距应该控制在 20～30 mm 之间。

2. 焊件清洁度

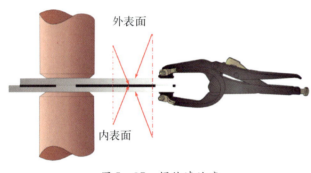

图 5-37　焊件清洁度

因接触面上的电阻均由其焊件表面状况来决定，焊件表面若凹凸不平或有氧化物、杂质等，会直接影响到热源效果，如图 5-37 所示。焊件表面的凹凸不平在有限范围内对电阻焊是有利的，可减小接触面，使单位时间内加大热能；然而焊件上的生锈、油污、灰尘及油漆会妨害电流流入焊件，造成焊接困难。

3. 焊件材料

现代车身多采用新型材料来制造，也有采用多种材料的组合。不同厚度、不同材质的车身构件对电阻点焊有较大的影响。图 5-38 所示为三种不同情况下的车身材料结合。

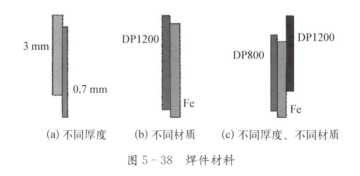

图 5-38　焊件材料

4. 焊件表面的间隙

两个焊件表面之间的间隙应该越小越好，因为两个表面之间的任何间隙都会影响电流的通过，如图 5-39 所示。不消除这些间隙也可进行焊接，但焊接部位将会变小而降低焊接的强度。因此，焊接前要将两个金属表面整平，以消除间隙，还要用一个夹紧装置将两者夹紧。

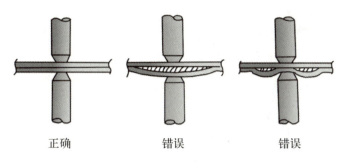

正确　　　　　错误　　　　　错误

图 5-39　焊件表面间隙

5. 焊件焊接表面的防锈处理

焊件在焊接之前除了要将表面的油污等清理干净，还应对焊件表面进行防锈处理。焊接前应该在需要焊接的金属板表面上涂一层导电系数较高的防锈底漆，且必须将防锈底漆均匀地涂在所有裸露金属板上（包括金属板的端面上），如图 5-40 所示。

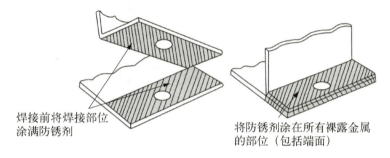

图 5-40　焊件焊接表面的防锈处理

6. 三层焊件电阻点焊

在三层板件构造的部位上更换新板件时，点焊位置应在原有的焊接点上进行。若不遵循这个原则，将造成焊接不良的结果，如图 5-41 所示。

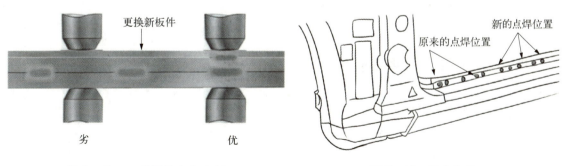

图 5-41　三层焊件电阻点焊　　　　　图 5-42　焊点数量

7. 焊点数量

修理用的电阻点焊机功率一般小于制造厂的点焊机功率。因此,和制造厂的点焊相比,在修理中进行点焊时,应将焊点数量增加30%,如图5-42所示。

8. 电流的调整

在电阻点焊焊接时,流过第一个和第二个焊点的电流不同,特别是在两层板之间有防锈剂导致导电系数降低后,第二点流过的电流会小一些,造成第二个焊点的强度下降,如图5-43(a)所示。如果电流调大后焊接,会造成第一个焊点电流过大,如图5-43(b)所示。所以规范的焊接方式应该在正常焊完第一个焊点后,把第二个焊点的电流调大一些,这样才能得到两个焊接强度一致的焊点,如图5-43(c)所示。

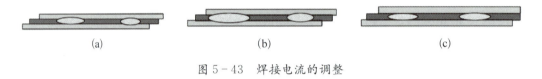

图5-43 焊接电流的调整

9. 点焊的顺序

在进行电阻点焊作业时,不要只沿着一个方向连续地进行焊接操作。这种方法会使电流产生分流而降低焊接质量。应按图5-44所示的正确顺序进行焊接。当电极头发热并改变颜色时,应停止焊接使其冷却。

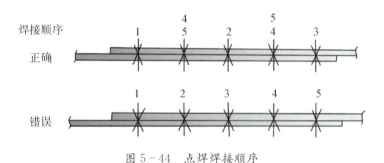

图5-44 点焊焊接顺序

四、电阻点焊机的焊接质量检查

焊点质量的检验可采用外观检验(目测)或破坏性试验。破坏性试验用于检验焊接的强度,而外观检验则是通过外观判断焊接质量。

1. 外观检验

除用肉眼看和手摸来检验焊接处的表面粗糙度外,还有下列项目需要检验。

① 焊接位置。焊点的位置应在板件边缘的中心,不可超过边缘,还要避免在焊接过的焊点位置进行焊接,如图 5-45 所示。

② 焊点的数量。焊点的数量应为汽车制造厂焊点数量的 1.3 倍。例如,原来在制造厂点焊的焊点数量为 4,则新的修理焊点为 4 的 1.3 倍,大约为 5 个。

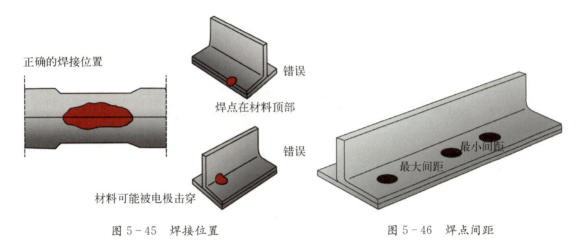

图 5-45 焊接位置　　　　图 5-46 焊点间距

③ 焊点间距。修理时的焊接间距应略小于汽车制造厂的焊接间距,焊点应均匀分布。间距的最小值,以不产生分流电流为原则,如图 5-46 所示。

④ 压痕(即电极头压痕)。焊接表面的压痕深度不能超过金属板厚度的一半,电极头不能焊偏产生电极头孔。

⑤ 气孔。不能有肉眼可以看见的气孔。

⑥ 溅出物。用手套在焊接表面擦过时,不应被绊住。

2. 破坏性试验

(1) 扭曲试验

对焊件焊接质量进行检查时,可以取一块和需要焊接的金属板同样材料、同样厚度的试验板件,按图 5-47 所示的位置进行焊接。然后,按图 5-48 所示箭头所指的方向施加力,使焊点处分开。根据焊接处是否整齐地断开,可以判断出焊接质量的好坏。如果焊接处被整齐地分开,便可以断定焊接的质量不合格。

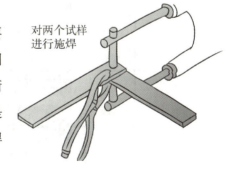

图 5-47 焊接试板方式

(2) 撕裂试验

使用凿子对焊接好的点焊进行剥离撕裂试验,如图 5-49 所示。撕裂后在其中一焊片上留有大于焊点直径的孔,如图 5-50 所示。如果撕裂后留下的孔过小或根本没有孔,说明焊

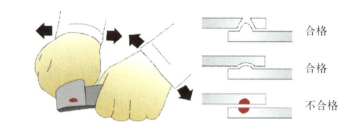

图 5-48　点焊的扭曲试验

图 5-49　点焊的撕裂试验

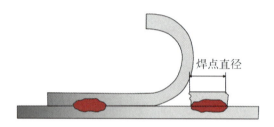

图 5-50　点焊的撕裂效果

点的焊接质量太低，需要重新调整焊接参数。

（3）拉伸试验

通过使用拉力机对焊接好的板件进行拉伸测试（焊接熔点的尺寸和材料的质量决定焊点的强度），如图 5-51 所示。

图 5-51　点焊的拉伸试验

3. 非破坏性试验

在一次点焊完成后，可以使用錾子和锤子按照下述方法检验焊接的质量：

① 将錾子插入焊接的两层金属板之间,如图 5-52 所示,并轻敲錾子的端部,直到在两层金属板之间形成 2~3 mm 的间隙(当金属板的厚度大约为 1 mm 时)。如果这时焊点部位仍保持正常没有分开,则说明所进行的焊接是成功的。这个间隙值由点焊的位置、凸缘的长度、金属板的厚度、焊接间距和其他因素决定,这里给出的只是参考值。

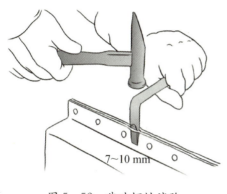

图 5-52 非破坏性试验

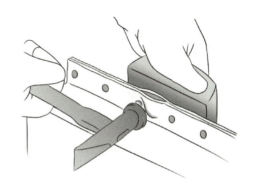

图 5-53 修复金属板的变形

② 如果两层金属板的厚度不同,操作时两层金属板之间的间隙限制在 1.5~2 mm 范围内。如果进一步凿开金属板,将会变成破坏性试验。

③ 检验完毕后,一定要将金属板上的变形处修好,如图 5-53 所示。

五、电阻点焊机的焊接缺陷分析

电阻点焊会由于各种原因造成焊接缺陷,如表 5-1 所示。

表 5-1 电阻点焊焊接缺陷分析

焊接缺陷	焊接缺陷图示	原因
焊接熔点太小		电流不够,压力太大,焊接时间太短
内部的焊渣太多		电流过大,压力不够,表面不清洁

续表

焊 接 缺 陷	焊接缺陷图示	原　　因
气孔	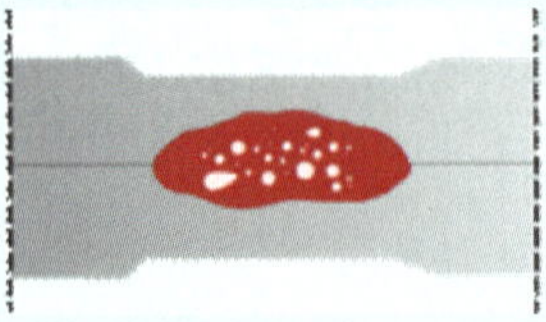	压力不够,保持时间不够
裂缝	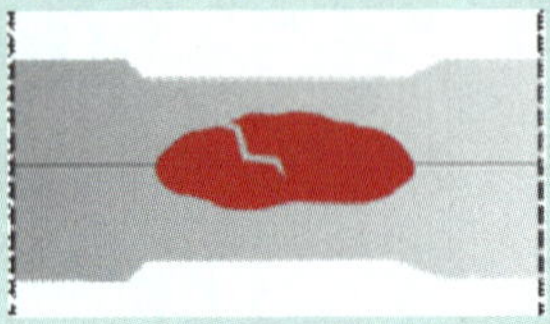	压力不够,电极形状不正确
间隙过大	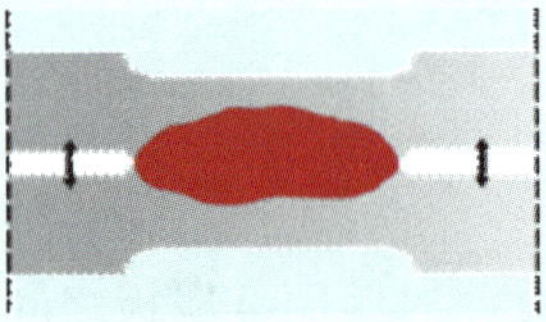	压力过大,电流过大,电极头部太尖
断裂	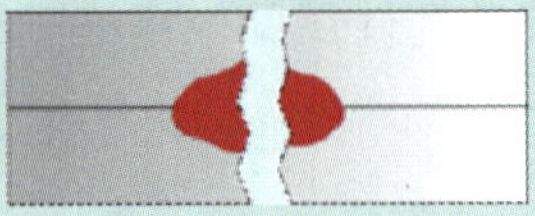	电流极度过大,压力极度不足

活动三　惰性气体保护焊的应用

活动目标

知识目标	了解惰性气体保护焊焊接原理
	了解焊接参数对焊接质量的影响
技能目标	掌握薄板件焊件操作方法

知识准备

一、气体保护焊焊接的优势

在现代汽车车身外部覆盖件或者车身结构件的修理中，常常会使用到焊接。在早期汽车修理中，大多数焊接作业采用的都是常规的焊条电弧焊或氧乙炔焊。而现代汽车车身构件广泛采用高强度钢进行制作，特别是整体式车身使用高强度钢的比例甚高，传统的焊接已经不能适应现代汽车的修理要求。现在都采用气体保护焊进行车身修理，不管是在高强度钢构件及整体式车身的修理中，还是在车身外部覆盖件的修理中，气体保护焊都表现出了强大优势。

气体保护焊有下列优点。

① 操作方法容易掌握。操作者只需接受几个小时的指导并经过练习，就可学会并熟练掌握气体保护焊设备的使用方法。与高级电焊工采用的传统焊条电弧焊相比，普通焊工采用的气体保护焊可以做到焊接的质量更高、速度更快、性能更稳定。

② 气体保护焊可使焊接板件100%熔化，因此，经气体保护焊焊接过的部位可修平或研磨到与板件表面同样的高度（为了美观），而不会降低强度。

③ 在薄的金属上焊接时，可以使用弱电流，预防热量对邻近部位的损害，避免了可能发生的强度降低和变形。

④ 电弧平稳，熔池小，便于控制。确保熔敷金属最多、溅出物最少。

⑤ 气体保护焊更适合焊接有缝隙和不吻合的地方。对于若干处缝隙，可迅速地在每个

缝隙上点焊,不需要清除熔渣,焊后可以很方便地将这些部位重新上漆。

⑥ 一般车身钢板都可以用一根通用型的焊丝来焊接。

⑦ 车身上不同厚度的金属可用相同直径的焊丝来焊接。

⑧ 气体保护焊焊机可以方便地控制焊接的温度和焊接的时间。

⑨ 采用气体保护焊焊接,对需要焊接的小区域的加热时间较短,因而减少了板件的疲劳和变形。因为金属熔化的时间极短,所以能够轻松进行立焊和仰焊操作。

二、气体保护焊焊接工作原理

气体保护焊焊接使用一根焊丝,焊丝以一定的速度自动进给,当在板件和焊丝之间出现电弧时,电弧产生的热量会使焊丝和板件熔化,将板件熔合连接在一起。气体保护焊作业原理如图 5-54 所示。

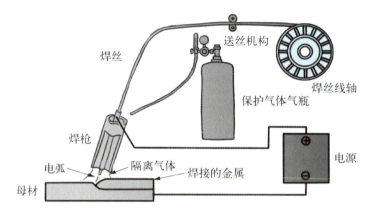

图 5-54 气体保护焊工作原理

在进行钢制板件焊接过程中,保护气体对焊接部位进行保护,以免熔融的板件受到空气的氧化。钢材都用二氧化碳(CO_2)或二氧化碳和氩气(Ar)的混合气作为保护气体。二氧化碳和氩气混合气的比例为 75%:25%(体积分数),这种混合气体通常被称为C-25气体。采用二氧化碳气体保护焊可使焊接熔深加大。但是,二氧化碳使电弧变得比较粗糙且不够稳定,焊接时的溅出物增加。所以,在较薄的材料上进行焊接时,最好使用二氧化碳与氩气的混合气。

气体保护焊焊接的工作过程如下。

① 焊丝在焊接部位经过瞬间短路、回烧并产生电弧,如图 5-55 所示。

② 每一次工作循环中都产生一次短路电弧,并从焊丝的端部将微小的一滴液滴转移到熔化的焊接部位。

③ 在焊丝周围有一层气体保护层,它可防止大气的污染并稳定电弧。

图 5-55 气体保护焊焊丝回烧过程

④ 连续进给的焊丝与板件相接触而形成短路,电阻使焊丝和焊接部位受热。

⑤ 随着加热的继续进行,焊丝开始熔化、变细并产生收缩。

⑥ 收缩部位电阻的增加将加速该处的受热。

⑦ 熔化的收缩部位烧毁,在工件上形成一个熔池并产生电弧。

⑧ 电弧使熔池变平并回烧焊丝。

⑨ 当电弧间隙达到最大值时,焊丝开始冷却并重新送丝,更接近工件。

⑩ 焊丝的端部又开始升温,其温度足以使熔池变平,但还不能够阻止焊丝重新接触工件。因此,电弧熄灭,再次形成短路,上述过程又重新开始。

三、气体保护焊焊接参数的调整

修理人员在焊接时,需要对下列参数进行调整(有些参数的数值是可调的):焊接电弧电压、焊接电流、电弧电压、导电嘴与板件之间的距离、焊炬角、焊接方向、保护气体的流量、焊接速度和送丝速度。

1. 焊接电弧电压调整

电弧电压作为参数调整的一个重要指标,通常需要根据钣金件的厚度及焊接位置进行设定。高质量的焊接有赖于适当的电弧长度,而电弧长度是由电弧电压决定的。

① 电弧电压过高时,电弧的长度增大,焊接熔深减小,焊缝呈扁平状,如图 5-56 所示。

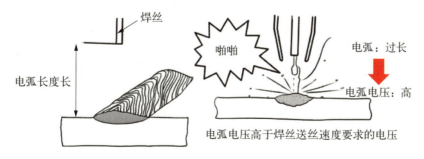

图 5-56 电弧电压过高

② 电弧电压过低时,电弧的长度减小,焊接熔深增加,焊缝呈狭窄的圆拱状,如图 5-57 所示。

图 5-57　电弧电压过低

当电弧电压较大时,焊接飞溅物增多,喷嘴、导电嘴容易烧蚀;当电弧电压过低时,则会出现乒乓的响声或者引弧困难。只有在电弧电压调整到适当的数值时,焊接部位才会发出持续、平缓的"咝咝"的声音,如图 5-58 所示。一般在短路过度焊接时,电弧电压在 16～25 V 范围内;在粗滴过渡焊接时(焊丝的直径为 1.2 mm 或者 1.6 mm),电弧电压在 25～44 V 范围内。

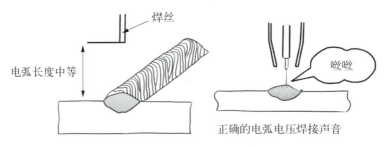

图 5-58　电弧电压正常

2. 焊接电流调整

目前,市场上气体保护焊机的种类较多,有的具有单独的电流调节旋钮,有的是将电流调节和送丝速度调节功能结合在一起的。焊接电流的大小会影响板件的焊接熔深、焊丝熔化的速度、电弧的稳定性和焊接溅出物的数量。随着电流的增加,焊接熔深、剩余金属的高度和焊缝的宽度也会增大,如图 5-59 所示。焊接的时候应该根据焊接的板件厚度、施焊的位置、焊丝直径、熔滴过渡形式等要求来选择。采用较细焊丝(0.8～1.6 mm)短路过渡焊接时,焊接电流为 50～230 A;采用粗滴过渡焊接时,焊接电流为 250～500 A。表 5-2 所示为电流参数调整表。

3. 导电嘴与板件之间的距离

导电嘴到板件的距离适当是高质量焊接的一项重要因素。导电嘴与焊件表面的标准距离为 8～15 mm。如果导电嘴到板件的距离过大,从焊枪端部伸出的焊丝长度增加而产生预热,就加快了焊丝熔化的速度,保护气体所起的作用也会减小;如果导电嘴到板件的距离过小,将难以进行焊接,并会烧毁导电嘴。

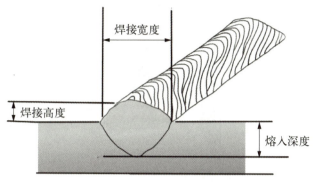

板材厚度与焊丝直径、电流的关系

图 5-59 焊接参数

表 5-2 焊接电流参数调整表

焊丝直径/mm	金属板厚/mm						
	0.6	0.8	1.0	1.2	1.4	1.6	1.8
0.6	20～30 A	30～40 A	40～50 A				
0.8			40～50 A	50～60 A	60～90 A		
1.0					60～90 A	100～120 A	120～150 A

焊丝的伸出长度取决于焊丝的直径，一般约等于焊丝直径的 8～10 倍。图 5-60 所示为导电嘴到工件的距离。

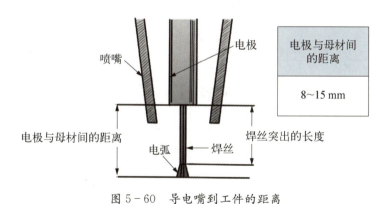

图 5-60 导电嘴到工件的距离

4. 焊接角度的调整

按照焊接时焊枪与板件之间的角度，气体保护焊焊接方法分为两种，即正向焊接和逆向焊接，如图 5-61 所示。正向焊接的熔深较小且焊缝较平；逆向焊接的熔深较大，并会产生大量的熔敷金属。采用上述两种方法时，焊枪角度都应在 10°～15°之间，如图 5-62 所示。

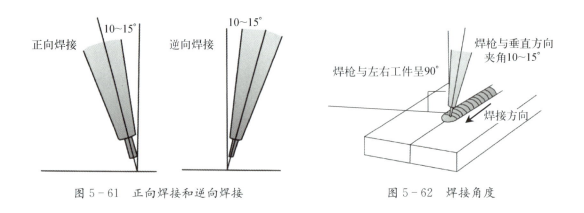

图 5-61 正向焊接和逆向焊接　　　　图 5-62 焊接角度

5. 焊接方向的调整

进行焊接操作时,焊接有两种方法。

① 前进法(推焊),即焊枪向移动的反方向倾斜。使用前进法时熔入深度较浅且焊珠较高,如图 5-63 所示。

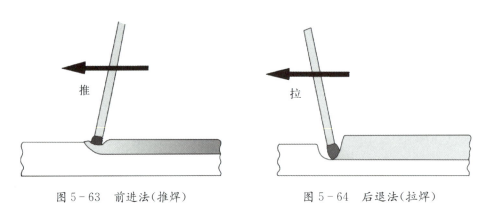

图 5-63 前进法(推焊)　　　　图 5-64 后退法(拉焊)

② 后退法(拉焊),即焊枪向移动的方向倾斜。使用后退法时则有较深的熔入深度且焊珠较平,如图 5-64 所示。

6. 保护气体流量调整

严格控制保护气体的流量是优质焊接的基础。如果气体流量太大,将会形成涡流而降低保护层的效果;如果流出的气体太少,保护层的效果也会降低,如图 5-65 所示。应根据喷嘴和板件之间的距离、焊接电流、焊接速度以及焊接环境(焊接部位附近的空气流动)来调整保护气体的流量。

目前使用的标准流量为焊丝直径×10 L/min 左右。对于小于 350 A 的焊机,气体流量约为 15~20 L/min;大于 350 A 的焊机,气体流量约为 20~25 L/min。

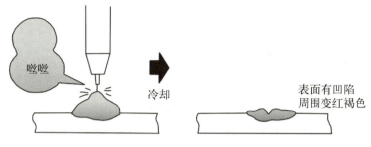

图 5-65 保护气不足和熔合部形状

7. 焊接速度控制

焊接速度应该根据焊缝类型、钣金件厚度、焊接电压等因素做出相应的调整。如果焊枪的移动速度较快,焊接熔深和焊缝的宽度都会减小;当焊枪移动速度进一步加快时,将会出现咬边现象;如果运行速度较慢,则焊缝的跨度会相应增加,钣金件会由于热量的聚集产生变形,从而破坏母材的性能。想要得到良好的焊缝,需要将焊枪沿着焊缝平稳地移动。移动太快或者偏离焊接接缝都会使焊接区金属不能很好熔化,会形成外表难看、强度不牢的焊缝。此外,焊接的姿势和抓握焊枪的姿势一定要既稳又准,否则会影响焊接的质量。

一般来说,焊接速度由母材的厚度、焊接电压这两个因素决定。表 5-3 给出了不同厚度的板件焊接时的焊接速度,通常焊接钢板越厚,焊接速度越慢。

表 5-3 焊接速度的确定

板件厚度/mm	焊接速度/(cm/min)
0.8	105～115
1.0	100
1.2	90～100
1.6	80～85

板材厚度与焊接速度的关系

8. 送丝速度

如果送丝速度太慢,随着焊丝在熔池内熔化并熔敷在焊接部位,将可听到"嘶嘶"声或"啪哒"声。此时产生的视觉信号为反光的亮度增强。当送丝速度较慢时,所形成的焊接接头较平坦。

如果送丝速度太快将堵塞电弧,这时,焊丝不能充分熔化,将熔化成许多金属熔滴并从焊接部位飞走,产生大量飞溅。这时产生的视觉信号为频闪弧光。

在仰焊时,过大的熔池产生的金属熔滴可能会落入导电嘴或进入气体喷嘴,导致喷嘴或导电嘴烧损。仰焊操作时,要采用较快的送丝速度、较短的电弧和较小的金属熔滴,并使电弧和金属熔滴互相接近。将气体喷嘴推向工件,以确保焊丝不会向熔池外移动。如果焊丝向熔池外移动,熔化的焊丝将会产生金属熔滴,直到形成新的熔池来吸收这些熔滴。

一般在焊接中会在气体喷嘴的附近产生氧化物熔渣。必须将它们仔细地清除掉,以免落入喷嘴内部并形成短路。当送丝速度太慢时,还必须清除掉因送丝太慢而形成的金属微粒,以免短路。

各种参数对焊接质量的影响是综合性的,表 5-4 显示了各种参数对焊接的影响和调整的结果。

表 5-4 各种参数对焊接的影响和调整的结果

调整的参数	调整后对焊接的影响							
	焊接熔深		熔敷速度		焊缝大小		焊缝宽度	
	增大	减小	增大	减小	增大	减小	增大	减小
电流和送丝速度	增大	减小	增大	减小	增大	减小	无影响	无影响
电压	影响小	影响小	无影响	无影响	无影响	无影响	增大	减小
运行速度	影响小	影响小	无影响	无影响	减小	增大	增大	减小
焊丝伸出长度	减小	增大	增大	减小	增大	减小	减小	增大
焊丝直径	减小	增大	减小	增大	无影响	无影响	无影响	无影响
CO_2 含量	增大	减小	无影响	无影响	无影响	无影响	增大	减小
焊炬角度	后退	前进	无影响	无影响	无影响	无影响	后退	前进

四、气体保护焊焊接操作要领

1. 引弧

由于弧焊电源的空载电压低,又是光焊丝,在引弧时,电弧稳定燃烧点不容易建立,引弧变得比较困难,往往造成焊丝成段爆断。因此在引弧前应该把焊丝的伸出长度调整好,选好适当的引弧位置,起弧后要灵活掌握焊接的运行速度,以免引起焊缝起始段出现熔化不良和焊缝处堆得过高的现象。

2. 熄弧

熄弧时应该在弧坑处稍作滞留,然后慢慢地抬起焊枪,直到填满弧坑为止,这样可使熔池金属在未凝固前一直受到气体的保护。倘若收弧过快,容易在弧坑处产生裂纹和气孔。

3. 焊接位置

在车身修理时,焊接位置通常由汽车上需要进行焊接部件的位置决定,也就是说,焊缝接缝处所处的空间位置即为焊接位置。焊接位置有平焊、横焊、立焊、仰焊四种,如图 5-66 所示。焊接参数的调整也会受到焊接位置的影响。

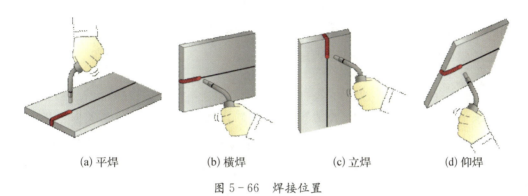

(a) 平焊　　　　(b) 横焊　　　　(c) 立焊　　　　(d) 仰焊

图 5-66　焊接位置

(1) 平焊

平焊就是待焊表面处于近似水平,从接头上面进行的焊接。平焊一般容易进行,而且它的焊接速度较快,能够得到较好的焊接熔深。对从汽车上拆卸下的零部件进行焊接时,尽量将它放在能够进行平焊的位置。

(2) 横焊

横焊是指在待焊表面处于近似垂直、焊缝轴线处于基本水平的位置进行焊接。横焊较为特殊,进行水平焊缝焊接时,应使焊炬向上倾斜。横焊主要的缺点是容易产生焊瘤和咬边,对于稍微厚点的钣金件,需要采用合适的焊丝保障焊接的质量。

(3) 立焊

立焊就是沿着接头从上而下或者由下至上进行的焊接。立焊时,熔池金属熔滴因重力作用具有下坠的趋势,和焊件分开,容易产生焊瘤,所以使用的焊接电流不宜过大,应该略低于平焊电流。对于焊接垂直焊缝时,最好让电弧从接头的顶部开始,并平稳地向下拉。

(4) 仰焊

仰焊就是待焊表面处于水平下方的焊接。仰焊是最难进行的焊接方式,容易造成熔池过大的危险,而且一些熔融金属会落入喷嘴而引起故障。在进行仰焊时,一定要使用较低的电压,同时还要尽量使用短电弧和小的焊接熔池。将喷嘴推向工件,以保证焊丝不会向熔池外移动。最好能够沿着焊缝均匀地拉动焊枪。

在实际的车身焊接操作中,我们尽量要采用平焊或横焊的方式来操作,以达到较好的焊接效果。当不能进行这两种焊接操作时,尝试把焊接部件转换一个角度,尽量采用平焊或横焊的方式进行。

五、气体保护焊焊接操作

气体保护焊的焊接质量是由焊接过程的稳定性决定的。焊接过程的稳定性,除了要求正确调节气体保护焊焊机的焊接工艺参数,还要求操作人员具备良好的技术水平。正确的操作是获得良好焊接质量的基础。

1. 焊枪的操作要求

在焊接过程中,焊枪握持的姿势一定要正确。起焊时,由于待焊接板件的温度较低,焊枪与板件之间的倾角可稍大一点。随着焊接的进行,焊枪与板件应该保持合适的相对位置,以控制好焊枪与板件间的倾角和喷嘴的高度。当焊枪的倾角小于10°时,不论是前倾还是后倾,对焊接过程及焊缝成形都较为有利;如果倾角过大,熔宽就会增加,并且熔深减小,同时飞溅明显增加。

2. 焊接的各种基本操作技术

在进行气体保护焊焊接过程中,正确的引弧、熄弧、接头等基本操作的技术关键是持枪。焊接过程中要根据熔池情况正确移动焊枪,保持弧长不变。

引弧是实施焊接作业的基本动作,正确的引弧对后续的焊接起到了非常重要的作用。引弧前应先检查焊丝的伸出长度,点动焊枪上的控制开关扳机,让焊枪先送出一段焊丝,同时保护气体也会随之喷出。引弧时焊丝端部与板件的距离为2~4 mm,必须剪去焊丝伸出的超长部分、焊丝端部出现的球头,使焊丝的伸出长度达到与喷嘴和板件应保持的距离,否则会影响引弧。然后将焊枪保持在合适的倾角和喷嘴高度处进行引弧:按动焊枪上的控制开关扳机,气体保护焊焊机将自动提前送气,延时接通电源,保持高电压、慢送丝,当焊丝碰撞到板件短路后,自动引燃电弧。

引燃电弧后,整个焊接过程要保持焊枪处于合适的倾角和喷嘴高度,并沿着焊接方向尽可能均匀地移动。

焊接过程中,尽可能采用短弧焊接,并且使焊丝的伸出长度变化最小。焊接时要注意观察板件、焊丝的熔化情况及焊缝的连续性,焊丝不能偏离焊缝。对于较长的焊缝应该先进行定位焊,定位焊的点距一般在20～30 mm左右。定位焊后如果板件发生变形,必须经过校正后才能继续焊接。对于焊缝的焊接中断以后再引燃电弧焊接的情况,必须在中断处作重叠焊接。一般重叠5～10 mm,也就是在上一段焊缝的末端前面5～10 mm处引燃电弧。引燃电弧后迅速回拉至下一段焊缝的起点,然后按照正确的焊接方式进行焊接。焊接时应该注意焊缝的熔深要适当,因为熔深不足会造成焊缝强度不良;反之,熔深过大则容易将板件烧穿,并给打磨造成较大的困难。

焊接结束后,倘若熄弧不当就会产生弧坑,并出现弧坑裂纹、气孔等缺陷。熄弧时,焊枪应该在熄弧处停止前进,并在熔池未凝固时反复断弧、引弧几次,直至弧坑填满为止。这时的操作动作一定要快,如果熔池已凝固才引弧,则可能产生未熔合及气孔等缺陷。

3. 定位焊操作

定位焊实际上是一种临时点焊,就是在进行永久性焊接前,用很小的临时点焊来取代定位装置或薄板金属螺钉,对需要焊接的工件进行固定。和定位装置或薄板金属螺钉一样,定位焊是一种临时性的措施。各焊点间的距离大小与板件的厚度有关,一般其距离为板件厚度的15～30倍,如图5-67所示。定位焊要求板件之间要正确地对准。

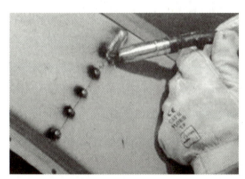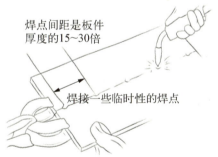

图5-67 定位焊

4. 连续焊操作

进行连续焊时,焊枪应该缓慢、稳定地向前运动,形成连续的焊缝,如图5-68所示。操作中应保持焊枪的稳定进给,以免产生晃动。采用正向焊法时,应连续地匀速移动焊炬,并经常观察焊缝。焊炬应倾斜10°～15°,以便获得最佳形状的焊缝、焊接线和气体保护效果。导电嘴到板件之间应保持适当的距离,焊枪应保持正确的角度。如果不能正常进行焊接,原因可能是焊丝太长。焊丝过长,金属的焊接熔深将会减小。为了得到适当的焊接熔深,提高焊接质量,应使焊枪靠近板件。平稳、均匀地操纵焊炬,将得到高度和宽度恒定的焊缝,而且焊缝上带有许多均匀、细密的焊波,如图5-69所示。

图5-68 连续焊

图5-69 连续焊的焊缝

5. 塞焊操作

塞焊又称之为电铆焊,在汽车车身覆盖件的修理中主要用于一些不能进行连续焊接的部位及车身构件的边缘不能用铆接的部位,特别是在车身覆盖件的切换中比较常用。塞焊的方法如图5-70所示,焊接效果如图5-71所示。进行塞焊时,应该在外面的一个或者若干个板件上打好孔,然后将两块钢板夹紧在一起以确保贴合紧密,焊枪与板件表面应该保持垂直并且从焊孔的边缘开始,按螺旋线逐步进入孔的中心,沿塞孔周边缓慢绕向中心运枪。如孔径较小可将焊枪直接对准中心将孔焊平,如图5-72所示。塞焊的焊点应以略高出焊件平面为宜,过高会给打磨带来困难,而过低则会使焊点强度不足甚至造成脱落。塞焊焊接效果的优劣如图5-73所示。对被完全穿透的板件进行塞焊时,应该使用黄铜棒、铜或铝板抵住下层板件上的孔洞再进行塞焊操作,如图5-74所示。

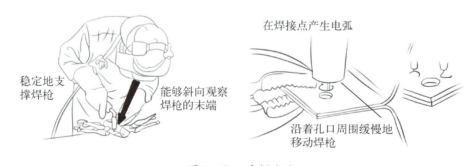

图5-70 塞焊方法

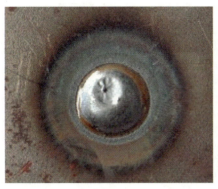
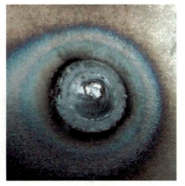

焊接正面　　　　　　　　背面熔深

图 5-71　塞焊焊接效果

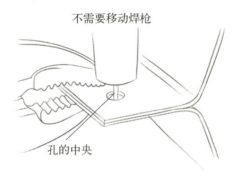

图 5-72　塞焊较小的孔洞

图 5-73　塞焊效果的优劣

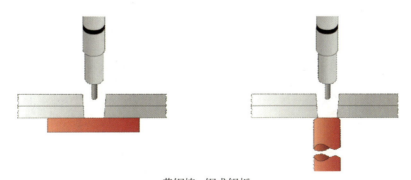

黄铜棒、铜或铝板

图 5-74　对被完全穿透的面板进行塞焊

6. 点焊操作

点焊操作是送丝脉冲被触发时，将电弧引入被焊的两块板件，使其局部熔化的一种焊接工艺，如图5-75所示。

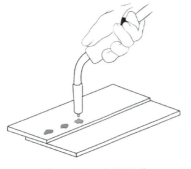

图5-75　点焊操作

气体保护点焊又称作可熔性点焊，因为焊丝在焊接处会熔化。可熔性点焊有多种操作方法，在所有的车身部位借助各种喷嘴都可进行可熔性点焊。当对厚度不同的金属进行点焊时，应将较轻的金属焊接到较重的金属上。

与脉冲焊接相比，点焊通常需要较多的热量。调整点焊工艺参数时，最好借助金属样品来进行。为了检验点焊的质量，可尝试将焊接在一起的两个样品拉开。如果焊接接头很容易被拉开，则应延长焊接时间或提高焊接温度。而高质量的焊接接头会在底层的试样上裂开一个小孔。每完成一次点焊，都应断开触发器，然后再将触发器合上，以便进行下一次点焊。惰性气体保护点焊有一个优点，即完成焊接后，对焊缝的隆起部分进行抛光较为容易，而且抛光不会产生任何需要重新填满的凹坑。

脉冲控制使得在金属材料上连续进行的焊缝很少产生烧穿或变形。脉冲控制可按预定的时间起动并停供焊丝，不需要松开触发器。可按操作者的习惯和板件的厚度来调整两次脉冲焊接的时间间隔。

7. 搭接点焊操作

搭接点焊是指在需要连接的几个相互依次重叠的金属板表面棱边处，将两个金属表面熔化，焊接时将电弧引入下层金属板，并使熔融金属流入上层金属板的边缘，将两块板材熔合在一起，如图5-76所示。搭接点焊这种方法与对接焊基本相似，所不同的是搭接点焊只是焊接在板件的边缘上。搭接点焊时和对接焊一样，应该控

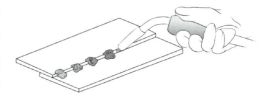

图5-76　搭接点焊操作

制好焊接时的温度，而且不能进行连续焊接，焊接一段以后要等冷却下来才能进行下一段的焊接作业。

8. 连续点焊操作

持续、快速进行若干次点焊，使焊点与焊点相连接或者重叠，这种焊接的操作方式称为连续点焊。连续点焊操作方式如图5-77所示，连续点焊焊接效果如图5-78所示。连续点焊产生的热变形较小，熔池较小，所以车身板件切割更换大多数采用的是连续点焊。

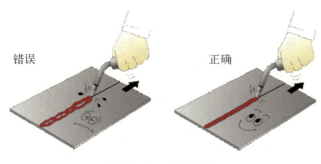

图 5-77 连续点焊

连续点焊正面　　　　　　　　连续点焊背面熔深

图 5-78 连续点焊效果图

连续点焊可以采用右焊法,也可以采用左焊法。这两种焊接方式不同,成型的焊缝形状也会有所不同。采用右焊法连续点焊作业时,焊点应压在上一个焊点直径1/3的位置,由左至右,以此类推。所以,右焊法的连续点焊焊缝是右侧的焊点压在左侧焊点上部,焊缝成型相对饱满。采用左焊法进行连续点焊作业时,焊点应在上一个焊点的边沿位置起弧,由右至左,左侧的焊点压在右侧焊点上部。左焊法的连续点焊焊缝较低,焊波清晰,飞溅较小。

9. 对头焊接操作

对头焊接就是将两片钢板置于同一平面上,并把两片对接钢板的缝隙填满而接合成一体的一种焊接方法,如图5-79所示。此种方法使用于无法实施重叠焊接的部位,在车身修理作业中,使用于切割和接合的焊接钢板上。

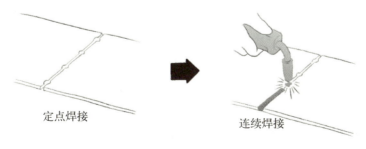

定点焊接　　　　　　　　连续焊接

图 5-79 对头焊接操作

对头焊接作业的准备工作包括先将两块待焊板件的重叠处进行研磨,使板件原有的棱角变为小的斜面,如图5-80所示。在焊接开始前,必须使用焊接用固定夹具夹持定位,这样可以稳定地支撑焊枪,并且可以防止焊接时产生热变形。焊接时必须正确地将电弧对准目标中心点来进行定点焊接作业,如图5-81所示。定点焊接的焊点间距为钢板厚度的15~30倍,如图5-82所示。定点点焊固定住板件之后,应该检查焊接板件是否发生变形。如果没有,可以进行有顺序的连续焊接作业完成板件的结合,如图5-83所示。焊接效果的优劣如图5-84所示。

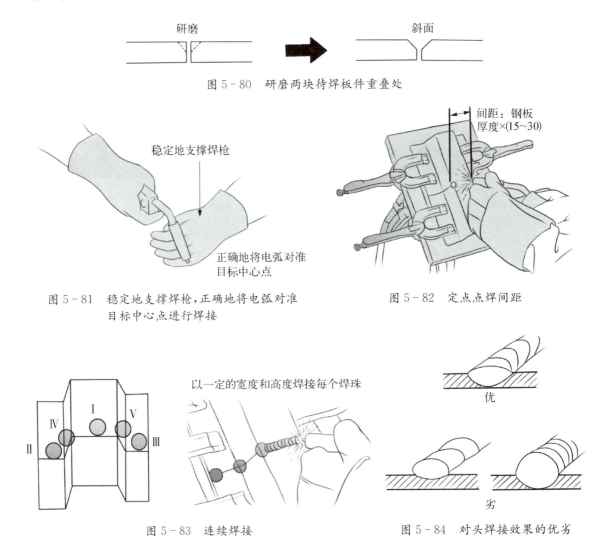

图5-80 研磨两块待焊板件重叠处

图5-81 稳定地支撑焊枪,正确地将电弧对准目标中心点进行焊接

图5-82 定点点焊间距

图5-83 连续焊接

图5-84 对头焊接效果的优劣

六、车身板件焊接的基本操作方法

车身修理所用的惰性气体保护焊包括对接焊、搭接焊、塞焊和点焊。每种类型的焊缝都可用几种不同的方法进行焊接。一般根据给定的焊接条件和参数来决定采用哪种方法。这

些条件和参数包括：金属的厚度和状态、被焊接的两个金属工件之间的裂缝的数量（如果有裂缝）、焊接位置等。例如，可采用连续焊或连续点焊的方法进行对接焊。在进行永久性的连续焊或连续点焊时，也可以沿着焊缝上的许多不同点进行定位焊，用以固定需要焊接的工件。搭接和凸缘连接也可采用上述几种焊接技术。

1. 对接焊

对接焊是将两个相邻的金属板边缘安装在一起，沿着两个金属板相互配合或对接的边缘进行焊接的一种方法。

（1）连续焊在对接焊中的应用

进行对接焊时必须注意（尤其是在薄板上），每次焊接的长度最好不超过 20 mm。要密切注意金属板的熔化、焊丝和焊缝的连续性，如图 5-85 所示。还要注意焊丝的端部不可偏离金属板间的对接处。如果焊缝较长，最好在金属板的若干处先进行定位焊（连续点焊），以防止金属板变形。图 5-86 显示在焊缝的终点前面距离很近的地方会产生电弧，此时应立刻将焊枪移动到焊缝的起点处。在焊接过程中，焊缝的宽度和高度应保持一定。

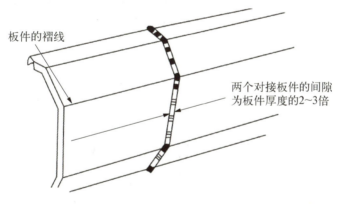

图 5-85 对接焊

平稳地操作焊枪，得到高度宽度一定、焊波均匀的焊缝

1、2、3——代表焊枪的运动轨迹

图 5-86 连续焊时的焊枪运动轨迹

焊接时要采用分段焊接,让某一段区域的对接焊自然冷却后,再进行下一区域的焊接,如图5-87所示。

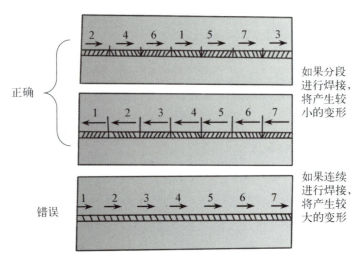

图5-87 分段焊接

尽管外层低碳钢金属板对接焊的敏感性较小,焊接时也依然要分段焊接,以防止由于温度升高而引起弯曲和变形。为了将间隔开的焊缝之间的间隙填满,可先用砂轮磨光机沿着金属板表面进行研磨,然后再填入金属,如图5-88所示。如果焊缝表面未经研磨便将焊接金属填入,则会产生气泡。

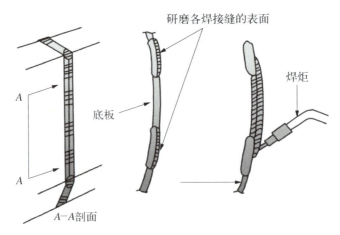

图5-88 填满隔开的焊缝之间的间隙

焊接金属薄板时,如果薄板厚度为0.8 mm以下,必须采用不连续的焊接(即连续点焊),以防止烧穿薄板。保持适当的焊炬角度,并按正确的顺序操作,便可得到高质量的焊缝。可采用逆向焊法来移动焊炬,这样比较容易对准焊缝。

图5-89显示了安装替换金属板时采用的典型对接焊的过程。如果采用这种焊接方法没有得到预期的效果,其原因可能是导电嘴和板件金属之间的距离过大。焊接熔深随着导电嘴和板件金属之间距离的增大而减小。操作时,试着将导电嘴和板件金属之间的距离变换几个不同的值,直至获得理想的焊缝,这时的距离值即为最佳值。

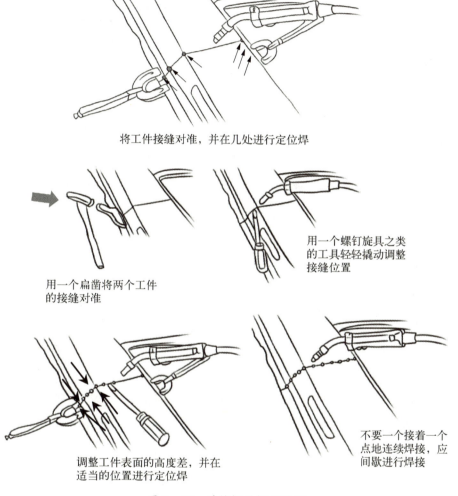

图5-89 对接焊的焊接过程

焊枪移动得过慢或过快,都会使焊接质量下降。焊接速度过慢将会造成熔穿,焊接速度过快将使熔深变浅而降低焊接强度。

即使在接焊的过程中形成了理想的焊缝,如果从金属的边缘处或靠近边缘的地方开始焊接,那么金属板也会产生弯曲变形。因此,为了防止金属板弯曲,应从工件的中心处开始焊接,并经常改变焊接的位置,以便将热量均匀地扩散到板件金属中,如图5-90所示。金属板的厚度越小,焊缝的长度应越短。

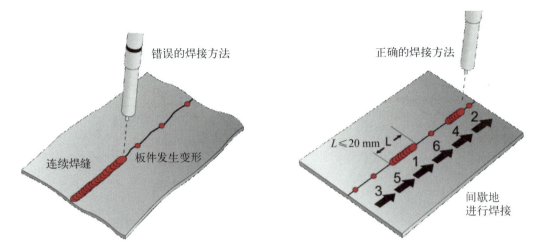

图 5-90　防止金属板弯曲变形

进行对接焊时,熔深一定要达到焊缝的背部。当对接焊的金属厚度为 1.6 mm 以上时,必须留一个坡口,以确保有足够的熔深。如果实际需要焊接的地方没有坡口,可在焊缝处磨出一个 V 形坡口,使熔深到达焊缝的背部。

对接焊完成后不需要再加固。因为在加固过的地方会产生应力集中,使加固过的焊缝强度低于未经加固的焊缝。

(2) 脉冲点焊在对接焊中的使用

可采用惰性气体保护焊焊机进行脉冲点焊操作。现在大多数车身修理用气体保护焊焊机都带有内部定时器,在一次点焊后,便会切断送丝装置并关闭电弧,间隔一定时间后再重新进行下一次点焊。间隔时间的设定值取决于工件的厚度。

用气体保护焊焊机进行点焊操作时,最好用一个专用喷嘴来代替一般的喷嘴。将具有点焊控制、焊接热量及回烧时间控制功能的焊枪安装到位,然后将喷嘴指向焊接部位并启动焊枪。经过很短的时间以后,送丝时间脉冲被触发,焊接电流被接通,与此同时,电弧熔化外层金属并进入内层金属。然后焊枪自动关闭,此时无论将焊枪开关触发多长的时间,都不起作用。但是,如果将触发器松开,然后再次揿压,便可得到下一个点焊脉冲。

由于条件上的差异,难以确定惰性气体保护点焊的质量。因此,在承受载荷的板件上,最好采用塞焊或电阻点焊方式来焊接。

在焊接各种薄型的非结构性金属板和外壳上的搭接缝和凸缘时,搭接点焊是一种常用的快速有效的方法。这种方法也需设定点焊时间脉冲,但要将点焊喷嘴放在外层金属板凸缘的上方,角度大约为 90°。这就使它能同时接触两层金属板,电弧熔入凸缘,然后进入下层金属板。

（3）连续脉冲点焊在对接焊中的使用

气体保护连续点焊使用一般的喷嘴，不使用点焊喷嘴。进行连续点焊时，要将点焊的方法与连续焊的焊炬操作和运行方法结合起来。

焊接操作可以看作是焊接——冷却——焊接——冷却的过程，在电弧关闭的时间内，刚才焊接过的部位会稍有冷却并开始凝固，然后再进行下一个部位的焊接。这种间歇方式所产生的变形较小，熔透和烧透较少。连续点焊的这些特征使它适用于薄型装饰性金属板的连续焊接。

连续点焊的间歇式冷却和凝固使它的变形比连续焊接小。对立焊或仰焊缝进行连续点焊时，焊接熔池不会因过热而导致融熔金属流淌。

2. 搭接焊

搭接焊是在需要连接的几个相互依次重叠的金属板的上表面的棱边处，将两个金属表面熔化而进行焊接的一种方法。前文讲解过的搭接点焊即为搭接焊的一个典型操作方法，二者操作要点一致。需要注意的是，搭接焊只能用于修理原先在制造厂进行过这种焊接的地方，或用于修理外板和非结构性的金属板。当需要焊接的金属多于两层时，不可采用这种方法。

3. 塞焊

在车身修理中，可采用塞焊来代替汽车制造厂的电阻点焊。塞焊可用于曾在汽车制造厂进行过电阻点焊的所有地方。它的应用不受限制，而且焊接后的接头具有足够的强度来承受各结构件的载荷。塞焊还可用于装饰性的外部板件和其他金属薄板上。

塞焊是点焊的一种形式，它是通过一个孔进行的点焊。在需要连接的外层板件上钻（或冲）一个孔来进行焊接，如图5-91所示。一般结构性板件的孔直径为8 mm，装饰性板件上孔的直径为5 mm。装饰性板件上的孔太大会导致后面的打磨工作量增加。焊接时先将两板件紧紧地固定在一起，焊枪和被焊接的表面保持一定的角度，将焊丝放入孔内，短暂地触发电弧，然后断开触发器。熔融金属填满该孔并凝固，一定要让焊接深入到下层金属板，如图5-92所示。在金属板下面的半球形隆起表明有适当的焊接熔深。

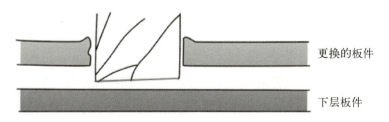

图5-91 塞焊钻孔

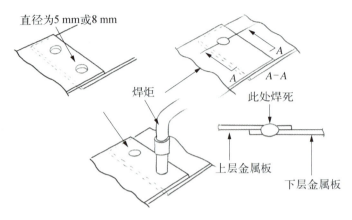

图 5-92 塞焊焊接步骤

间断的塞焊焊接会在金属表面产生一层氧化物薄膜,从而形成气泡。如果发生这种情况,可用钢丝刷来清除氧化物薄膜。在进行一个孔的焊点塞焊时要求一次完成,避免二次焊接。

塞焊焊接过的部位应该待其自然冷却,然后再焊接相邻部位。不能用水或压缩空气对焊点周围进行强制冷却。让其缓慢、自然地冷却可减小金属板的变形,并使金属板保持原有的强度。

塞焊还能用于将两个以上的金属板连接在一起。当需要将两个以上的金属板焊接在一起时,应在每一层金属板上冲一个孔(最下面的金属板除外),且确保每一层附加金属板的塞焊孔直径小于最上层金属板塞焊孔的直径。采用塞焊法焊接不同厚度的金属板时,应将较薄的金属板放在上面,并在较薄的金属板上冲较大的孔,这样可以保证较厚的金属板能首先被熔化。

进行高质量塞焊的要素是:

① 调整适当的时间、电流、温度。

② 把各工件紧密地固定在一起。

③ 焊丝与被焊接的金属相容。

④ 底层金属应首先熔化。

⑤ 夹紧装置必须位于焊接位置的附近。

七、镀锌金属的气体保护焊

对镀锌钢材进行气体保护焊接时,不必将锌清除掉。如果将锌磨掉,金属的厚度减小,强度也随之降低,该区域将极易受到腐蚀。

焊接镀锌钢材时,应采用较低的焊枪运行速度,这是因为锌蒸气容易上升到电弧的范围内,干扰电弧的稳定性。但焊枪运行速度太低,会使锌在焊接熔池的端部烧掉。焊枪运行速度应根据镀锌层的厚度、焊接的类型和焊接的位置来决定。

和无镀层的钢相比,镀锌钢材的焊接熔深略浅。所以,在对接焊时需要确保底部的直角边缘间隙稍大。为了防止较宽的间隙造成烧穿或过量的熔深,焊接时,应使焊枪左右摆动。焊接镀锌钢材因此产生的溅出物也比较多。所以,应在焊枪喷嘴的内部加上防溅剂,并且应该经常清洁喷嘴。

镀锌钢板焊接时会产生锌蒸气,而锌蒸气有毒,所以应有良好的通风条件。并且在进行焊接操作时,操作人员应该戴上供气的防毒面罩。

八、气体保护焊焊接质量检查

在每一次焊接的过程中,应经常检查焊接的质量。可以用一些试验板来进行检查。在对汽车上的零部件进行焊接以前,可以先在一些金属板上进行试焊。需确保这些金属板和汽车上需要焊接的零部件的材料相同。焊接这些试验板时,焊机的各项参数要调整适当,以保证车身板件的焊接质量。试焊完成后,可将试验板的焊接处用錾子断开,以检验焊接的质量。下面是车身修理中常用的搭接焊、对接焊和塞焊焊接质量的检验标准,试验板件的厚度均为 1 mm。

1. 搭接焊和对接焊的焊疤的检测标准

① 工件正面:最短长度 25 mm,最长长度 38 mm;最小宽度 5 mm,最大宽度 10 mm。

② 工件背面:焊疤宽度 0~5 mm。

③ 对接焊工件夹缝宽度是工件厚度的 2~3 倍。

2. 塞焊的焊疤的检测标准

① 工件正面:焊疤直径最小为 10 mm,直径最大为 13 mm。

② 工件背面:焊疤直径为 0~10 mm。

③ 焊疤不允许有孔洞或焊渣等缺陷。

3. 焊件的焊疤高度检测标准

焊件正面焊疤最大高度不超过 3 mm,焊件背面焊疤最大高度不超过 1.5 mm。

4. 搭接焊和对接焊的焊疤的破坏性实验检测标准

搭接焊撕裂的工件上必须有与焊疤长度相等的孔。对接焊撕裂破坏后工件上必须有与焊疤长度相等的孔。

5. 塞焊的焊疤的破坏性实验检测标准

塞焊扭曲破坏后下面工件上必须有直径不小于 10 mm 的孔。

九、气体保护焊焊接缺陷

在气体保护焊焊接作业中,常会由于各种原因造成焊接的缺陷。常见的焊接缺陷有气孔/凹坑、咬边、未焊透、焊瘤、飞溅过大、焊缝宽窄不均匀等。

气体保护焊焊接的缺陷及产生原因如下。

1. 气孔/凹坑

气孔/凹坑就是气体进入焊接金属中产生的气孔或凹坑,如图 5-93 所示。产生的原因有:板件上有锈迹或污物;焊丝上有锈迹或水分;保护不当、喷嘴堵塞、焊丝弯曲或气体流量过小;焊接时冷却速度过快;电弧过长;焊丝规格不正确;气体被不适当封闭;焊接表面不干净等。

图 5-93 气孔/凹坑

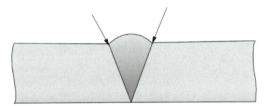
图 5-94 咬边

2. 咬边

咬边是由于过分熔化板件而形成凹坑,它使板件的横截面减小,严重降低了焊接部位的强度,如图 5-94 所示。产生的原因有:电弧太长;焊枪角度不正确;焊接速度太快;电流太大;焊枪送进太快;焊枪角度不稳定等。

3. 未焊透

未焊透就是熔深不足,此种缺陷是由于金属板熔敷不足而产生的,如图 5-95 所示。产生的原因有:电流太小;电弧过长;焊丝端部没有对准两层金属板的对接位置;槽口太小;焊丝出丝速度太慢;焊枪角度不对;焊接走枪速度太快等。

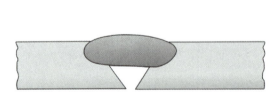
图 5-95 未焊透

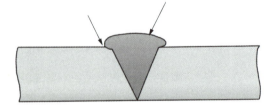
图 5-96 焊瘤

4. 焊瘤

焊瘤就是在焊缝边多出一个形似瘤状的焊接物,如图 5-96 所示。角焊焊接是在板件的边缘进行的,容易烧穿,相比对接焊更容易产生焊瘤。焊瘤会引起应力集中而导致过早腐蚀。焊瘤产生的原因有:焊接速度太慢;电弧太短;焊枪移动太慢;电流太小等。

5. 飞溅过大

飞溅过大就是在焊缝的两边形成许多斑点和凸起,如图 5-97 所示。产生的原因有:电弧过长;板件金属生锈;焊枪角度太大等。

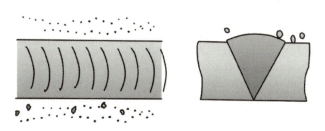

图 5-97 飞溅过大

6. 焊缝宽窄不均匀

焊缝宽窄不均匀即焊缝不是均匀的流线形,而是不规则的形状,如图 5-98 所示。产生的原因有:焊枪嘴的孔被损坏或变形,焊丝通过嘴口时发生摆动;焊枪不稳定;移动速度不稳定等。

图 5-98 焊缝宽窄不均匀

7. 不正确熔化

不正确熔化是发生在板件与焊接金属之间,或发生在两种熔敷金属之间的不熔化现象,如图 5-99 所示。产生的原因有:焊枪移动太快;电压过低;焊接部位不干净等。

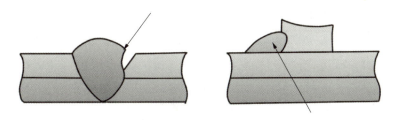

图 5-99 不正确熔化

8. 烧穿

烧穿的焊缝内有许多孔,如图 5-100 所示。产生的原因有:焊接电流太大;两块金属之间的坡口太宽;焊枪移动速度太慢;焊枪到板件之间的距离太短等。

图 5-100 烧穿

对于焊接时出现的质量问题,应该根据具体的情况实施针对性的改进措施。只有采用正确的焊接工艺和技术规范,才能有效地避免以上焊接缺陷的产生。

项目六　车身测量与校正

对于现代汽车车身,精准的整体定位参数对车辆的使用性和安全性有着十分重要的意义。车辆受到严重撞击后,汽车车身覆盖件和结构件都会发生变形,对损坏的构件就必须进行修复或更换。车身覆盖件的损坏可以通过手工修复或者外形修复机拉拔修复来进行修理,但是车身结构件的损坏修理如果用这类简单的维修工艺进行修复,很难保证车身校正的精度和维修质量。由于车身的车架和结构件非常坚硬,强度非常高,对于这部分的修复,就需要借助底盘校正设备进行拉拔修复。拉拔或者顶压的方向与汽车碰撞力的方向正好相反。

活动一　车身损伤测量

知识目标	了解车身损伤测量意义
	了解车身测量的基准面
技能目标	掌握车身测量方法

一、车身测量的意义与基准

1. 车身测量的意义

车身维修测量的意义在于它可以对车身整体变形的程度进行认定，做出正确的技术诊断，为制定合理的维修方案提供依据。测得的数据也可以为车身维修的具体操作提供指导，使修复后的车身保持完好的技术状况、工作能力、使用寿命。对车身进行维修的测量还可以为检验修竣后的车身是否符合技术标准或是否达到预定的修复目标提供各种有效的技术依据，即作为修复检验标准。所以车身维修的测量是非常重要的。在整个修理过程中，数据是保证维修质量的基础。只有用数据说话，才能使车身维修质量得到真正的控制。

在对车身进行测量时，主要测量车身整体定位数据。车身整体定位数据是指那些对汽车发动机、底盘、车身主要构件的装配位置有直接影响的基础数据，如汽车的前轮定位、轴距误差和各总成的装配位置精度等。这些数据是原厂技术文件中明确规定的重要数据，在车身维修过程中对这些数据进行测量，一方面能对车身技术状况进行进一步的诊断，另一方面又可以更好地指导车身维修。

车身维修的测量，一般分为作业前、作业中、竣工后三个步骤。作业前的测量是确认车身的损伤状态及把握其变形程度，为以后的维修提供依据，它不仅有助于对变形做出正确的技术诊断，同时也为合理地制定维修方案提供了依据。作业中的测量主要是对修复过程中的质量加以控制,无论是校正还是更换工作,都需要通过测量来保证相关形状尺寸精度和位置精准度。竣工后的测量为验收和质量评估提供有效的数据,可检验简易车身修竣后的技术状况参数是否符合标准或达到预定的修理目标。

2. 车身测量的重要性

在汽车维修中,车身测量是车身修复中必不可少的工作。测量数据对进行损伤判断极为重要,同时也是为修理提供数据的必要手段。对于整体式车身来说,因为转向系统和悬架都装配在车身上,而且有的悬架是依据车身装配要求设计的,因此车身损坏后就会严重影响到悬架结构的安装基础。在进行车身修理时,对这一部分的恢复工作十分重要。而要实施恢复,数据是必不可少的。

从整体式车身的设计来看,有很多机械零件也都是安装在车身上的。如齿轮齿条式转向器装配在车身梁上,形成与转向臂固定的联系,而发动机、变速器及差速器等也直接装配在车身构件或车身构件支承的支架(钢板或者整体钢梁)上。这些构件一旦变形都会造成这些零部件的安装位置变形,使转向操作失灵,减振性能恶化,传动系振动或者异响,以及连杆端头、轮胎、齿轮齿条或其他装置的过度磨损。为保证汽车正常的工作性能,车身上零部件的安装部位都要通过测量来进行校正,使修理后的所有尺寸都符合装配要求。修理后的车身尺寸的配合公差要求不能超过±3 mm。

在修理过程中,不论是非承载式车身(车架式车身)还是整体式车身,对车身受损部位主要控制点的测量工作必须依照维修手册上的标准数据进行维修检查,只有这样才能把损伤变形彻底暴露出来。在对车身进行测量时要认真做到以下几点:

① 测量前要准确地找出测量基准,基准正确与否将直接影响测量结果。

② 对损伤部位,要找出合适的测量点进行测量,如果损伤部位的测量点发生变形或断裂,应寻找标准的测量点进行测量。

③ 重要的控制点要进行多次测量,对安装机械零部件的支架或孔要经过多次测量,直到符合装配要求。

④ 重要数据的测量结果要反复核实。

车身的测量工作非常重要,为了保证车身修理工作的高质量和高效率,必须认真做好维修前的测量。

3. 车身测量的基准

(1) 车身测量的基本要素

车身维修的测量主要表现为尺寸数值上的变化。测量时,以实际测得的状况参数为依据,进行数值分析、比较,从中找出相对位置的变化规律,进而可对变形状况做出进一步的诊断。正确地对车身进行测量是车身维修的基础,而要更高质量地完成对车身的测量,则必须掌握测量中的点、线、面三个基本要素。

(2) 车身测量的原则

第一,控制点原则。

车身测量的控制点可用于检测车身损伤及变形的程度。车身设计与制造中设有多个控制点,检测时可测量车身上各个控制点之间的尺寸,如果测量值超出规定的极限尺寸,就应对其进行校正,使之达到技术标准规定的范围。轿车车身的控制点如图 6-1 所示。控制点①通常在前保险杠或前车身散热器支撑部位;控制点②在发动机室的中部,相当于前横梁或前悬架支承点;控制点③在车身中部,相当于后车门框部位;控制点④在车身后横梁或后悬架支承点。对车身进行整体校正时,可根据上述控制点的分布,将车身分为前、中、后三部分,如图 6-2 所示。这种划分方法主要基于车身壳体的刚度等级和区别损伤程度,应分析并利用好各控制点在车身测量基准中的作用和意义。车身设计和制造是以这些控制点作为组焊和加工的定位基准的。因这些控制点是生产工艺上留下来的基准,所以同样可作为车身测量时的定位基准。此外,对轿车各主要总成在车身上的装配连接部位,也须作为控制点来对待。因为这些装配孔的位置都有严格的尺寸要求,对轿车各项技术性能的发挥有着重要的影响。

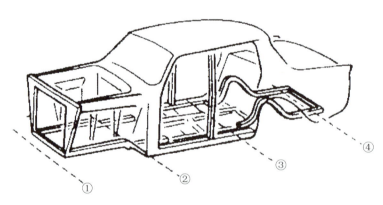

图 6-1 车身上的关键控制点的位置

实际上,对控制点的测量就是对车身关键参数的检查与控制,并且这些参数又是有据可查的。一些车身测量设备就是根据控制点原则制成的,因此,控制点原则是目前车身修理中比较实用和流行的测量原则。

第二,基准面原则。

车身设计时,通常是先选定一水平基准面,车身上各对称平行点所形成的线或面与之平

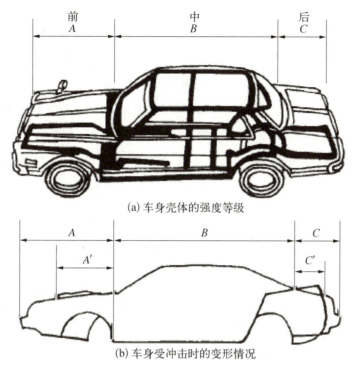

(a) 车身壳体的强度等级

(b) 车身受冲击时的变形情况

图 6-2 车身按吸收能量强弱的分段

行,如图 6-3 所示。车身图纸上沿高度方向上所标注的尺寸,都是车身各部位与水平基准面间的距离,即基准面是所有高度尺寸的基准。在车身测量与修理中,同样可以利用基准面作为车身高度尺寸的测量基准。在实际测量中,如果遇到要测量部位不便于使用量具直接测量时,可以根据数据传递方法,将基准平面上移或下移。这样不仅有利于测量仪器的使用,而且还可以获得更加准确的测量结果。

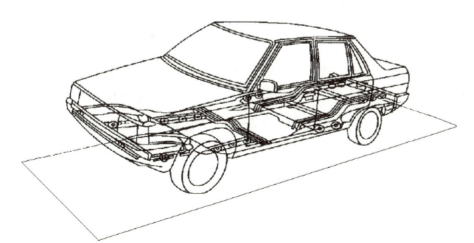

基准面

图 6-3 水平基准面

第三，基准中心线和中心面原则。

利用一个假想的具有空间概念的直线和平面，能够将车身沿宽度方向截为对称的两半，则这一直线和平面即为基准中心线和中心面，如图6-4所示。车身上各点通常是沿中心面对称分布的，因此所有宽度方向上的尺寸参数及测量，都是以该中心线或中心面为基准的。实际测量中，如果使用中心量规检查车身损伤，若不同测量断面上中心量规的中心销在同一直线或平面上，可以认定车身无横向变形和损伤。反之，则说明偏移的中心量规所处的车身断面发生了横向变形或损伤。修理车身变形或损伤时，应在纵向、横向两个截面上反复调整和校对，使车身表面各关键点（空间坐标）符合技术规定。

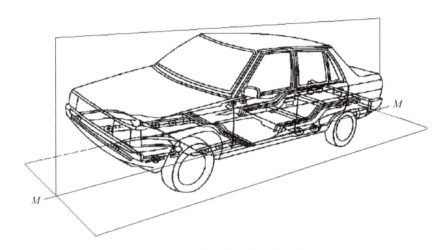

图6-4　基准中心线和中心面

大多数车身都是对称设计的，但也要注意非对称部位的存在及其测量要求。选择带有补偿不对称性的中心量规，测量时应先消除因不对称零件而造成的数据偏差，然后再进行正常的测量。

第四，零平面原则。

轿车车身是一个整体刚性框架，属于应力壳体或结构，整个车身都参与承载。对于一定载荷，车身会将其分散开来，分别作用于车身各个构件上。根据车身应力壳体式结构的变形特点和损伤规律，测量时可将车身前、中、后三部分和左右对称部分的界面称为零平面，如图6-5所示。零平面可以理解为变形程度为零的基准面。以车身中间段为例，当轿车发生碰撞事故时，损伤最轻的部位通常是车身中间段的对称中心，如果依此为基准测量，就可得到可靠的检查与测量结果。

4. 车身测量参数的确定

钣金维修中对变形的测量，虽然表现为尺寸数值上的对比，但是实际上是对车身及其构

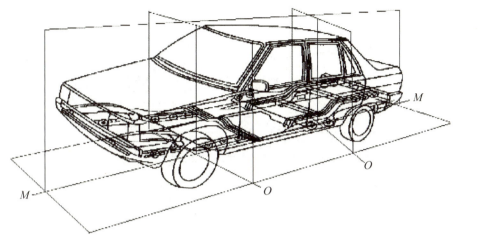

图 6-5 零平面

件的位置误差检测。因此,对测量基准的选择及其应用必须在维修作业前分析清楚。

(1) 标准参数法

标准参数法是以车身图纸或技术文件作为依据标准的,是非常可靠也较为常用的方法。在轿车车身尺寸图中,一般都注明了车身特定的测量点。以此数据为标准,对车身的定位尺寸进行测量,可以准确地评估变形及损伤的程度。图 6-6、图 6-7 和图 6-8 所示为车身前、中、后部典型的测量点,其标准尺寸在车身尺寸图中都有给出。图 6-9 所示为福特轿车车身底板的尺寸图。将所测得的实际车身结构尺寸与标准参数尺寸进行对比,相应各部位的变形与损伤也就判别出来了。以图纸给定尺寸为标准的参数法,在车身测量中,其定向位置要求用点与点之间的距离来体现,其对称性要求以理论轴线(或点)与实际对称轴(或点)的相对位置来体现。

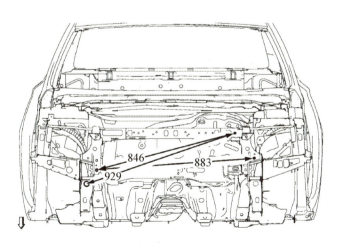

图 6-6 车身前部典型测量点

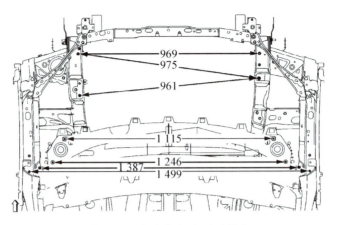

图 6-7 车身中部典型测量点

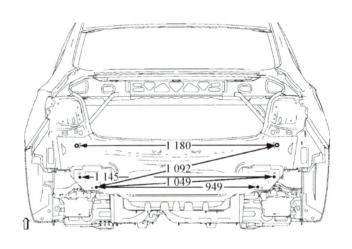

图 6-8 车身后部典型测量点

（2）对比参数法

对比参数法是以相同汽车车身的定位参数来体现基准目标的。当然，所选择的车身应完全符合技术文件规定要求的状况，必要时还可以通过增选车辆数量来提高目标基准的精准性。应用对比参数法确定基准时，还应该注意以下两个问题。

① 数据的选取。

由于对比参数法需要操作者视情况量取有关数据，因此选择哪些测量点、数据链作为车身定位参数的基准目标，也是一个值得研究的问题。应该遵循的原则如下。

第一，利用车身壳体上或车架上已有的基准孔，找出所需的定位参数值。

第二，以基础零件和主要总成在车身上的正确装配位置为依据。

第三，比照其他同类车身图中的标示方法来确定基准参数的量取方案。

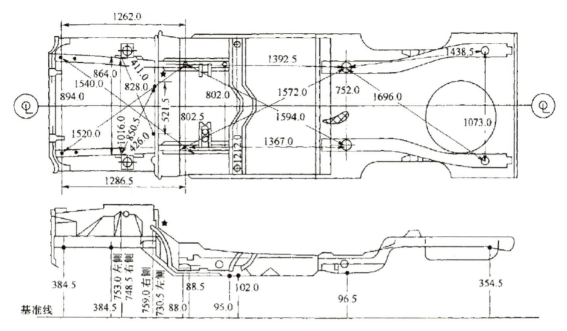

注：① 各点之间的尺寸均为实际标准尺寸；
② 尺寸公差为±1mm；
③ 除非另外注明,正视图上的尺寸均为对称的；
④ 孔的测量以边缘为准。

图6-9 福特轿车车身底板的尺寸图

② 误差的控制。

与标准参数法相比较，对比参数法测量的可靠性相对较差。这就要求尽可能控制测量的误差，以防止因误差的累积而影响测量质量。其应对措施如下。

第一，选择便于使用的测量工具，如测距尺等。

第二，不能以损伤的基准孔作为测量依据。

第三，同一参数值应尽量避免接续测量，最好是一次性量得。

如果没有可供选择的车身作为对比条件，也可以利用车身构件的对称性原则采用长度比较法和对角线比较法测量。但是这两种方法仅适用于损伤程度不大的变形，并要求两者必须结合使用才能判明损伤。

二、作业的损伤判断(测量)

测量是一种通过获取车身控制点、工艺孔的数据，并与原始数据标准值进行比较的一种检查方法。它在事故车修复工作中是极重要的环节，最终确保维修质量。

测量法的尺寸比对具有相当高的精度要求，但实际测量时会受到测量工具的精确程度、性能方面的影响。有很多维修技术人员修复理念比较落后、维修方法单一，对测量设备的功能没有全面的了解与认识,不能合理地灵活运用,甚至有的维修人员在测量时还存在认知误区。以上这些情况都会导致维修质量下降。

使用车身测量工具对波及损伤范围内比较关键的尺寸进行重点式测量,如发动机室的对角线及底盘的定位点测量,测量长度、宽度、对角线及高度方向,将测量值与标准值做比较,以三维空间尺寸来掌握损伤状态,便可判断损伤程度。

1. 卷尺测量

车身维修中常用的基本测量工具是卷尺,如图6-10所示。一般运用于车身上半部的尺寸测量,如测量孔洞与孔洞之间的直线距离,并经由测量数据左右交叉的比对来判断损伤变形状况。

卷尺的好处在于取得方便、价格便宜,缺点是精准度会受测量点之间未拆除的部件干扰及容易受人为因素影响。

卷尺作用原理:卷尺里面装有弹簧,在拉出测量长度时,实际是拉长标尺及弹簧的长度,一旦测量完毕,卷尺里面的弹簧会自动收缩。

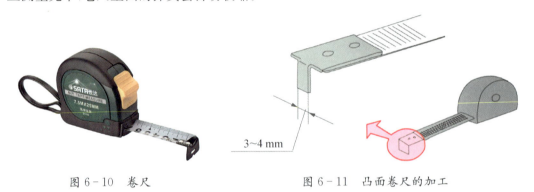

图6-10 卷尺　　　　　图6-11 凸面卷尺的加工

(1)凸面卷尺的加工

使用凸面卷尺测量孔端间尺寸时,端部的钩挂部位如果能像图6-11所示那样加工后再进行测量,就容易挂入孔的内部,这样测量可以减少测定误差。

(2)测量方法

第一,同孔径的场合。

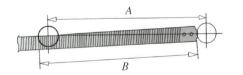

$A \neq B$
备注:最近距离的测量时卷尺的倾斜导致误差变大,所以应尽量避免这种情况

图6-12 同孔径场合的测量

第二，孔径不同的场合。

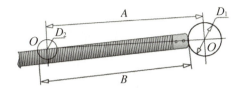

$A \neq B \pm (D_1/2 - D_2/2)$
D_1：大径
D_2：小径

图 6-13 不同孔径场合的测量

（3）测量时的注意点

第一，不能产生扭弯、弯曲等。

第二，确保压住测定点。必要时二人作业，防止前端钩挂部位的偏差、掉落。

第三，要考虑卷尺前端钩挂部位的形状引起的误差，如图 6-14 所示。

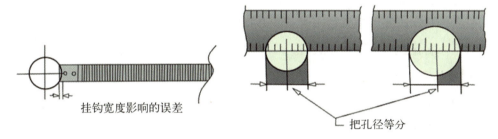

图 6-14 卷尺测量注意事项

2. 车身伸缩量尺测量

车身伸缩量尺有两个规格，如图 6-15 所示。

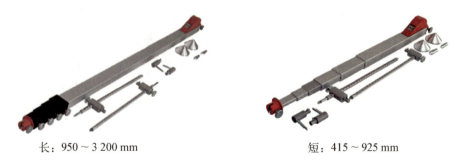

长：950～3 200 mm　　　　短：415～925 mm

图 6-15 车身伸缩量尺

（1）为确保测量的精确性，测量工具必须做过适当的校正

校正即是归零，就是将测量工具上的指示值与归零尺上的指示值之间的差异做校正的过程。伸缩量尺是有许多可滑动部位的测量工具，在使用前应先检查其外观是否有变形及缺件，然后再进行量尺归零作业。归零作业步骤如下。

第一,准备一钢直尺(1 000 mm)放置工作桌上,拉开伸缩量尺到一定距离后放置在钢直尺上,判读伸缩量尺与钢直尺上的数据。

第二,判读数据。如钢直尺为 750 mm,伸缩量尺为 751 mm,则表示伸缩量尺在车身测量后的数据必须减去 1 mm,反之则需增加。

第三,做完短尺(415~925 mm)归零后,可将其作为长尺的归零标准。

第四,量尺使用时先拉粗杆再拉细杆。

(2) 测量方法

车身构造中大多数的控制点为孔洞,尺寸测量就是测量孔洞与孔洞之间的距离。

第一,当控制孔的直径相同时:采用中心点测量。

第二,当控制孔的直径不同时:采用外缘测量或先测孔内缘间距再测外缘间距,将两次测量结果相加除以 2。

第三,当控制孔比测量销直径小时:采用中心点测量。

第四,当控制孔比测量销直径大时:采用外缘测量或更换套座进行中心点测量。

(3) 测量注意事项

第一,测量作业中指针不可碰触任何物品,否则需重新校正,如图 6-16 所示。

第二,如果指标长度或角度已经改变,则务必重新校正。

第三,如果在卷尺锚定侧的指标打滑,则务必重新校正。

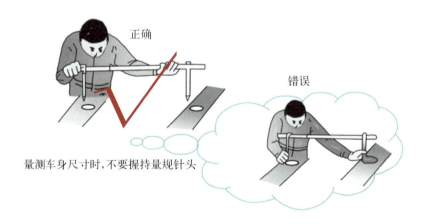

图 6-16 车身伸缩量尺操作注意事项

3. 电子测量系统测量

使用电子测量系统能够很精确地测量车身数据,在与原厂车身数据对比后可确定车身结构是否变形和变形的具体数值,免去了人工查阅数据手册或测量值的工作。

活动二　车身损伤校正

活动目标

知识目标	了解车身校正基本原则
技能目标	掌握工作计划的制定和维修方式的推理
	掌握损伤维修作业方法

知识准备

一、车身校正基本原则

车身修复的基本原则就是按与碰撞力相反的方向进行拉伸或者顶压,以对受损车身进行校正。如图 6-15 所示,图(a)为碰撞力的方向,图(b)为拉伸力的方向,图(c)为应该进行的校正的方向。对碰撞区施加拉力进行校正的方法在碰撞力很小、损伤比较简单的情况下比较有效。但当发生剧烈碰撞导致出现皱折损伤时,车身板件变成了复杂的形状,同时板件强度也发生了变化。此时如果只在相反方向施加拉力,是无法使其复原的。因为每一个板件的强度和恢复率都不同。所以,在拉拔过程中按照每个板件的恢复率改变力的大小和方向,是非常必要的。

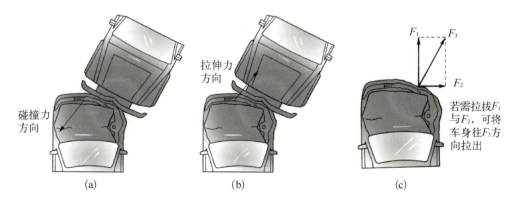

图 6-15　施加拉伸力的基本原则

二、制定工作计划

虽然因事故而损伤的车辆看起来都很相似,但是在每件事故中车辆撞击的部位都不同,且车身结构相当复杂,所以没有一辆损伤车是完全相同的。复杂损伤的修理不能仅凭经验或第六感,而是要依据基本步骤来制定明确的工作计划。而制定工作计划的重要步骤是估计损伤程度和估计修理作业。

1. 估计损伤程度

整理目视判断、车身损伤检查和尺寸测量所获得的资料,以正确判断车身三维空间的损伤程度(纵向、横向、垂直)。因为直接以目视判断车身损伤是非常困难的,所以首先分析二维空间尺寸(上视图、俯视图和侧视图),然后将结果综合计算以后再进行三维空间的分析。

如图 6-16 所示,为简化目视的过程,一个尺寸图可以画出一个草图以作二维空间尺寸的分析,而且此结果能当作车身的假设立体图形。

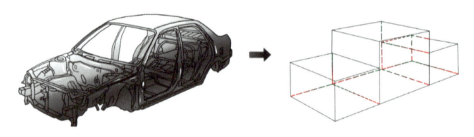

图 6-16 估计损伤程度

2. 估计修理作业

估计修理作业是估计工作程序、工具、设备、修理项目,预估结果以及后续作业的一种过程。

与估计损伤程度(整理相关资料的过程)不同的是,修理作业的估计是将修理作业内容组合起来的一种过程。这种估计修理作业的方法可以将工作间断的可能性减至最小,如此维修技术人员便可执行精确且高效率的作业。而且,当下达工作指示或训练经验较少的技术人员时,此种过程可以提供更详细的解析和说明。

三、维修作业反向测量

向量的合成与分解理论应用在车身校正工作(固定或拉拔车身)上,可实施高效率的修理作业。如果车辆受撞击,则施加于车辆上的反向力量为 F_3,且分力为 F_1 和 F_2。这样可以很清楚地知道力量是朝后方且向左的方向作用于车辆。实施修理工作时,理想的拉拔方向是依据现在车辆的位置和参考点的合适位置所结合而成的线。然而,从校正过程的开始至结束,理想的拉拔方向并非是保持不变的,如图 6-17 所示。

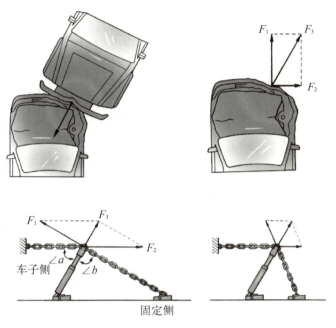

图 6-17 维修作业——反向测量

四、拉拔作业

拉拔作业的基础必须依据目测和实际尺寸测量的结果,这些测量的结果决定拉拔方向和夹具安装位置。

在车身校正中,维修人员必须了解如何将拉拔力量施加至车身钢板上。

1. 单杆变形修正

① 当拉拔点和接头中心点有偏离时,若在杆的两端施加向外拉拔的力量,则在接头上会产生一个力矩。力矩作用在接头和两端点,将使接头被拉直,如图 6-18 所示。

② 当杆往复原方向移动后,偏离率会减少,而使力矩随之变小(偏离率较小,力矩也较小)。此时,杆也恢复至原来的形状,如图 6-19 所示。

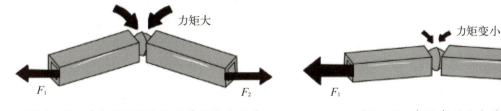

图 6-18 在杆的两端施加向外拉拔的力量　　图 6-19 杆往复原方向移动

2. 多杆变形修正

由于车身构造的复杂性，车身板件的损伤往往还包含有纵向、横向和垂直方向的损伤，仅施加一个相反于撞击方向的力无法修复所有受损部位。所以，为了将拉拔力量传送至所有受损部位，钣金技术员必须在车身上施加多个方向的拉拔力量。如图6-20所示，框架受碰撞后两个杆产生了溃缩变形，此时仅施加一个反向的力难以完全修正复原。

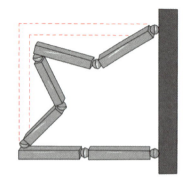

图6-20 多杆变形

正确的操作步骤是：

① 平面由三连杆所组成，其中两杆已受损，另外一杆未受损。这种情况比单杆受损复杂多了，且较难决定有效的拉拔方向。

② 将平面分解成三连杆以辨识各杆所需的拉拔方向，如图6-21(a)所示。

③ 将所分解之三连杆再组合成如图6-21(b)所示的平面。向右和向下的拉力可由墙面的固定点来替代。

④ 夹具（F_2）上会产生大的力矩。

⑤ 为了使拉拔更有效率，则必须随时调整拉拔和敲击位置。

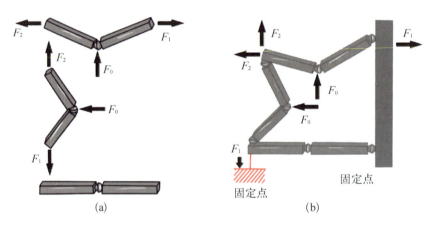

图6-21 多杆变形修复

五、维修范例

1. 侧面小损伤

因为受到左侧撞击而使左侧轴距稍微缩短，右侧轴距则未受影响。此处适用的校正方法如图6-22所示：将变形部位向外拉拔，同时从车内施加两个向外的推力，此外在车辆纵

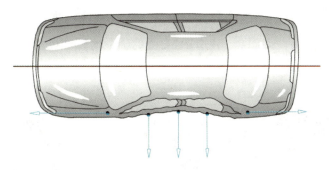

图 6-22 侧面小损伤

向施加拉力,以构成三向多点拉拔。

2. 侧面大损伤

如果车辆侧面受到相当大的力量撞击,车底板将会损坏,而使整个车身变形似 S 形。撞击效应将会出现在车辆的另一侧,影响车门的安装间隙,甚至轴距也会受损。此种损伤形式即所谓的香蕉形损伤,如图 6-23 所示。

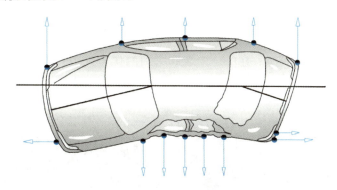

图 6-23 侧面大损伤

车辆受到此种损伤时,通常是全损。此种损伤常会造成车身校正台的底盘夹具无法安装的情况。因此,在实施拉拔作业时,必须使用暂时夹具或底盘模具等工具暂时支撑受撞击侧的重量。一旦车身恢复至可安装底盘夹具时,必须使用底盘夹具来固定车身,然后再继续实施拉拔作业。必须尽可能多方向地施加力量,且必须确定推力点。在作业中,应先在车辆变形的中心点施加一个推力,然后再逐渐将受损部位向外拉拔,使车身恢复至原来尺寸。

六、侧面损伤维修作业

1. 目视检查(整个车身)

查看车身可知,车辆右侧遭受严重损伤,撞击中心点位于中柱和车门槛板的接合部位,因此此部位损伤最为严重。一般在直觉上，会认为中柱被往内推，车顶应会被顶高，但是实际上车顶并无明显的变形。如图 6-24 所示，右侧的轴距比标准尺寸短了 2 mm，因此可以假定后翼子板已被拉向内侧。

图 6-24　目视检查整车

2. 目视检查（细部零件）

举升车辆检查细部零件的损坏情况。主车底板侧梁内侧下端被推损的程度比上端少，且并未见到车底板有大的损伤。在中柱上端和车顶的接合处，可见到漆面龟裂和塑性变形，因此可判定有扭曲发生，如图 6-25 所示。

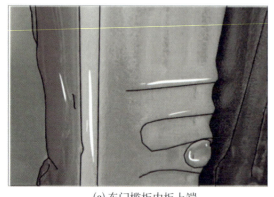

(a) 车门槛板内板上端　　　　　　　　　　　(b) 中柱上端

图 6-25　目视检查细部零件

3. 测量尺寸

拆下座椅、地毯和内饰板，然后测量车门开口部位和车厢左右方向的尺寸，与车身尺寸图上的标准尺寸做比较后可知后悬架支座上端尺寸正常，因此判定损伤并未撞击左、右支座上端标准孔。接着使用车身尺寸量规，以左、右标准孔为中心，并以相同的半径在车底板上做一交叉记号,此记号即为车子的中心点。当车身尺寸图上未记载相关的尺寸时,可借助这个中心点来测量左、右两边的尺寸差,如图 6-26 所示。

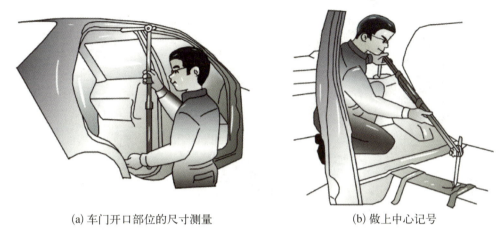

(a) 车门开口部位的尺寸测量 (b) 做上中心记号

图 6-26 测量左、右两边的尺寸差

尺寸的测量结果如图 6-27 所示,在中柱上端后侧测量点的尺寸是 90 mm,而中柱上端前侧则为 86 mm,由此结果即可确认中柱上端的扭曲情形。当测量左、右侧车门铰链至后翼子板标准点(可选择任何一点)的尺寸时,发现受损侧的尺寸缩短 4 mm,因此可判定后翼子板已向内移位。车门槛板前、后方向的尺寸也缩短 3 mm。

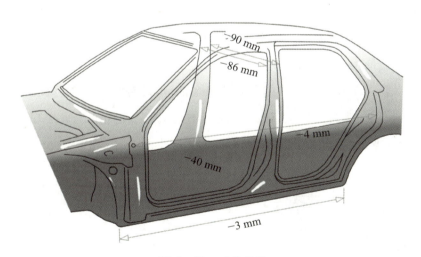

图 6-27 测量结果

4. 侧面钢板的组合和更换零件(依据技术手册及零件资料)

技术手册上的零件资料如图 6-28 所示。

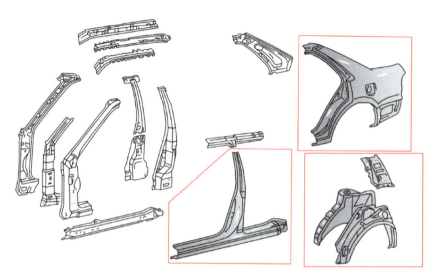

图 6-28 技术手册上的零件资料

5. 拉拔校正作业

(1) 主车底板侧梁内侧的初步校正

侧面受损车辆的基本校正方法会因损伤程度的不同而有所差异。但是必须同时实施受损部位的前、后方向和侧面方向的三方向拉拔。先修正车门槛板，这是校正作业的标准程序。在初步校正的拉拔作业中，首先应考虑先将刚性最强的主车底板侧梁内侧校正回正常位置，再校正中柱的上端和下端。如果可以的话，依照刚性强弱的顺序实施校正，将使复杂的校正工作变得较简单且有效率。

将夹具安装至主车底板侧梁内侧上方的数个部位，这是为了一次可拉出范围较宽广的钢板。同时，可使用扣钩式夹具从车内实施推出作业，然后使用液压缸推开前、后的底盘夹具，以辅助拉出作业，如图 6-29 所示。

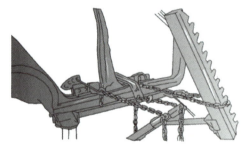

(a) 从车辆外侧看

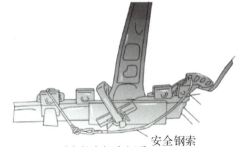

(b) 从车辆内侧看

图 6-29 主车底板侧梁内侧的初步校正

（2）车门槛板和中柱的初步校正

修正向内侧位移的中柱外板和加强板时，要在中柱安装两个夹具，然后同时对这些夹具实施拉拔作业。对中柱底部（车门槛板处）进行拉拔时，必须同时确认中柱和其周边部位的拉出状况，拉拔量可由液压缸和链条相对位置来确认。

安装特殊外形夹具或修改过的夹具（安装于车门铰链安装孔）来实施拉拔作业时，必须同时拉拔中柱外板和加强板，如图6-30所示。如果仅拉出焊接在外板上的钢板片，则无法有效地修理加强板。

图6-30 安装特殊外形夹具或修改过的夹具

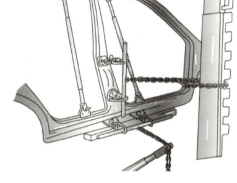

图6-31 车门槛板和中柱的初步校正

在夹具间放置一支铁棒，以同时对这些夹具实施拉拔作业（类似于垫圈熔植作业），如图6-31所示。在实施中柱拉拔时，要小心不可让车顶变形。

如果中柱和车门槛板受到严重损伤，则必须先实施拉拔作业（2），再实施拉拔作业（1）。为了抑制车顶校正时产生变形，必须先释放因变形而产生的束缚力。

6. 更换新零件和最终校正

切开中柱外板上端和车门槛板外板的接合部位，然后拆下需更换的零件，再将新零件和车辆侧预留的10～20 mm的部位重叠，再次切割，最后使用固定钳暂时安装新零件。在此步骤中，因为在拉拔作业中难以完全消除车顶钢板和中柱接合部位的应力，所以在切开中柱后，车顶会有向内倾斜的趋势。在暂时装上新零件并调整至正确位置时，残留在车上的中柱上端的倾斜和扭曲的情形即可明显地看出。因此，为了使新零件能正确安装，必须实施中柱上端的校正，如图6-32所示。

7. 侧面损伤校正后的检查

所有的校正操作完成后，应及时对车辆进行修复后的检查。在对车身进行检查之前，检查人员应该绕着汽车周围仔细观察，看看是否有明显的校正错误，如图6-33所示。如果在

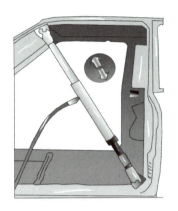 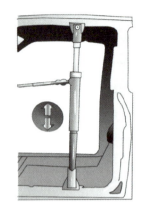

图 6-32 更换新零件和最终校正

车顶线和车门之间出现大的缝隙,就说明还有少量的损伤存在。如果在检查中发现问题,应该马上将车固定起来进行重新拉伸,以避免车身全部修理结束后再来补修。

检查时的项目有以下几点。

① 检查车门与门槛之间的间隙,应该是一条宽窄一致的、又直又窄的缝隙。

② 检查整个车身上部所有部位的平整度,应没有任何一点的高低不平。

③ 开、关门检查,同时掀、关发动机舱盖和行李箱盖,体会开关时是否感觉过紧。

最终检查完毕之后,可在校正平台上将修理前被拆下的部件按照要求重新装配到车上,然后再将车辆从校正平台上移下来。

图 6-33 校正后的检查